1000年先の地球のために

「滅びの道」から「永久の道」へ

元自衛隊陸将補
池田整治 ＋ 宗庵
割烹「源龍」オーナー

ナチュラルスピリット

プロローグ

宗庵

今回、池田整治氏との対談が実現し、本をお届けすることができました。

この本が世の中に出て、私と同じような全国のスターピープル（宇宙の使命で生きている人）が、たくさんの方とつながることで、〝有意の魂〟にスイッチが入り、意識を高め魂を浄化し、光り輝く世のためのお手伝いができればという発信の願いをかなえていただけたことになります。

この本には、信じられないことや不思議なこと、不安や恐怖に感じられることなどが書いてあると思いますが、私の中の思いを、できるだけそのままストレートに発信させていただきました。不安や恐怖は消し去り、安心と幸福の氣持ちで受け取っていただければ幸いです。これからの世の中は、〝安心〟と〝幸福〟の心持ちで生きて行くと、宇宙の最高の〝愛〟という波動に組み込まれて行きます。

どうぞ、この本を手に取りお読みになってみて下さい。より多くの方々が幸福になれますことを心よりお祈りし、この本に出合って本当に良かったと思っていただけることを願っております。

この本を通して出会ったあなたと、これから出会う方々の幸福を祈っております。

すべてのことに、いつも本当に感謝しております。

【目次】

対談にあたって

伝《つた》え人《びと》　長川　亮一

2015年8月、宗庵氏から一本の電話がかかって来ました。

「今日、池田整治さんの講演会に参加したんです。上から『池田さんとの本を出版せよ』と降りたので、対談本を出せないでしょうか？」

電話口からは力強い決意を感じさせる波動と共に宗庵氏の高揚した感情が伝わって来ました。

それが、この対談集のきっかけでした。

宗庵氏は、頚椎後縦靭帯骨化症という難病で余命数ヶ月の宣告をされたものの、奇跡的に一命を取り留めました。その後、宇宙の波動を使い、上（天・神・宇宙）から降りるお告げの通りに動きながら、病氣や心の病などを改善したり完治させるヒーラーとして活躍されています。その詳細は、『だいじょうぶ！』（中野宗次郎、グレゴリー・サリバン共著、ナチュラルスピリット）に掲載されています。

池田整治氏は自衛隊を退官後、草の根の活動を続けながら「真実とは何か」を伝えている方です。同じように草の根の活動を続けている宗庵氏との対談集が出版されたら、その読者の中から目醒める人たちがもっと増えるに違いないと思えました。

両氏が対談で語られた様々な発言の根底に流れている大きなテーマとは、

「人は何のためにこの世に生を受け、いま、日本人として生きているのか？」

ここに集約されていると感じました。地球（ガイア）という惑星に人間が出現してから、この母なる大地のバランスは崩れ続けています。我々よりもはるか昔からの住人である動植物を始め、この世の森羅万象は人間に対してどんな想いを抱いているのでしょうか？

この対談で池田氏と宗庵氏は、放射能問題、江戸時代、縄文意識、アナスタシア、中村天風など、多岐にわたるテーマについて、愛情をこめて本音で語って下さいました。この本を通じて両氏は、全身全霊全力を込めて「真実」という直球を投げてくれました。それをどのように受け止めるのか？

その答えは、読者である「あなた」にかかっているのです。

読者の方へ

本書は、2015年に埼玉県内で池田整治氏と宗庵氏による対談を行い、聞き手を務めた長川亮一（雑誌『スターピープル』記者）がまとめたものです。なお、長川の希望により両氏の許可を得て、人は物ではなく「者」であるという考えから「人物」を指す場合は「本者」と表記しました。同様に、漢字の「気」を、日本人が古くから神様にお供えして感謝を捧げる「米」を使った「氣」を使って表記しています。言霊の波動を高め、本書のエネルギーを向上させることにつなげたいと考えているためです。

第1章

真実から目を逸らさず、草の根を貫く

本がつないだ最初の出会い

——お二人が出会われたきっかけからお話しいただけますか？

池田　２０１５年の春、愛媛県松山市内の集まりの席で、グレゴリー・サリバン氏[*1]との共著『だいじょうぶ！』をどなたかが献本して下さったんです。読ませていただいたらたいへん感動しました。私は本を読んで感動すると、著者の方にお礼の手紙を書くことを習慣にしています。宗庵さんに礼状をお送りしたら、丁寧なお返事をいただき、お会いしてみたいと感じていました。

宗庵　その夏、自宅から車で３時間ほどの距離にある愛媛県愛南町《あいなん》で池田さんの講演会があることを耳にしまして、上（天、神様、宇宙）に確認したら「すぐに行きなさい」と出たのでさっそく参加しました。そこではじめてお目にかかったんです。

池田　８月に、愛南町の私の実家で自然農を営んでいる三男の悠人の所に盆休みで帰省する予定があり、にんげんクラブで勉強会を主催されている方に話したら、「せっかくなので、悠人さんの田んぼを見学しながらミニ講演会もやりましょうよ」と呼びかけていただいたんです。

その講演会に宗庵さんがいらっしゃったので、ビックリしました。それが最初でしたね。

宗庵　後日、源龍会の仲間で行動を共にしている高岡賢次[*2]さんに話したら、「池田さんは、宗庵さんと同じように草の根でコツコツと、世のため人のために活動されている方なので、僕が勝手に『だいじょうぶ！』を渡しておいたんよ」と言われました。それが今回の対談につながったんですね。池田さんは講演会で、嘘でない真実を深く深く掘り下げた内容のお話をされていて、僕が質問したことに対しても的確に答えて下さいました。池田さんとの対談本を出版できたら、世の中にはもっと目醒める人が増えるに違いないという確信を感じまして、その日に対談のお願いをしたところ、快諾していただけたわけです。

――お互いに相手をどんな人と感じていらっしゃいますか？

池田　私は人を観察する時、なるべくその方の魂を見るようにしています。波動のレベルが０点（悪魔）～１０００点（神様）まであると仮定すると、人間の平均はせいぜい５００点くらいで、７００点くらいに達すると、いまの３次元から次の５次元のレベルに行けるだろうと自分なりに解釈しています。そういう意味で、宗庵さんは魂レベルがとても高い方です。この地球での人間修行を済まされて、そのご経験を元に世の中に広めていらっしゃる９００点くらいの魂レベルの方だと思います。今回の対談で宗庵さんの波動を受けられるだけで私の穢れた魂が高まると思うと、いまからワクワクしています！

宗庵　池田さんに最初にお会いした時、上の存在とつながっている方だとすぐにわかりましたし、相当に高いレベルの方だと感じました。いままでにたくさんの方とお会いしてきても、上からは「違う」と出る場合が多いです。池田さんは本者ですね。池田さんの目をひと目見た時、この方は達観していらっしゃって、新しい世界を切り拓いていかれる方だと感じました。

最近お会いした方で、池田さんと同じような素晴らしい波動を感じた方は、天風会の最高顧問の尾身幸次先生[*3]で、僕らを指導していただける立場の方だと思いました。いま、全国で人と人とのつながりが広まっています。計ったように見事に上が会わせて下さいますね。

＊1　グレゴリー・サリバン　1977年～。米国人のETコンタクティ。2003年から日本に在住し、2010年にJCETI（日本地球外知的生命体センター）を設立。著書に『あなたもETとコンタクトできる』（ヒカルランド）など。

＊2　高岡賢次　1954年～。機能水の大水樹（だいすき）代表取締役。天風会神戸賛助会・愛媛の集い事務局長。1996年に小林正観氏の講演会を初めて主催するなど、愛媛県にスピリチュアルブームの種を蒔いた功労者。

＊3　尾身幸次　1932年～。天風会最高顧問。政治家、元衆議院議員。28歳で結核に倒れるが、中村天風師の「心身統一法」により8ヶ月で病を克服。天風師から直接教えを受けた数少ない一人。

魂のレベル、その波動

池田　先日、皇居での勤労奉仕に団長として参加しました。団長の役得は、天皇陛下からのお言葉を直接いただけることです。
　天皇陛下のお目を拝しながら、「こんなに魂レベルが高い方がいらっしゃるのか！」と感動して、思わず涙が出てきました。このような皇室が二千数百年も続かれて、私たちの幸せのために日々、祈っていただけることが嬉しくなりました。とても感慨深かったですね。

宗庵　僕も皇室の方をお見かけしたことがあり、特別な波動を感じました。

池田　私は15歳から自衛隊に入りましたが、少年工科学校の４つ後輩にあたる光明君[*1]という人物がいました。
　彼の霊透視能力と手相師としての能力は並々ならぬものがあり、舩井幸雄先生[*2]が、「彼以上の霊能者はいない」と絶賛するほどでした。舩井先生からは、「光明君のような霊能者が〝幕僚〟としているのだから、池田君も恵まれているね」と言われたこともありました。先生は２０１４年の１月に亡くなり、その年の５月に光明君も亡くなってしまいました。

――舩井さんは「世の中の構造」と「にんげんの正しいあり方」を40年以上も研究され続け、「世のため人類のための良い近未来」を作るための団体として、にんげんクラブを発足されましたね。

宗庵　私の知人にも高知県の小川雅弘[*3]さんというにんげんクラブの方がいて、彼のお誘いで2015年10月の講演会に参加させていただきました。池田さんも、にんげんクラブと関わりをお持ちなんですか？

池田　はい。昔、私が〝いかに生きるか〟という命題を自問自答していた時に舩井先生の御著書に出会い、それ以来、ずっと先生のファンになって、手紙のやりとりをしたことがきっかけでした。

私は週末ごとに山を歩いたり、撮影した写真を挿入したエッセイを書いていて、それを舩井先生に週1回お送りして、先生からは必ずご感想の返事を送っていただいていたんです。それが唯一の楽しみでした。

＊1　光明（こうめい）　對州（たいしゅう）流手相占い観士、六輪光神霊師。著書『2013年からムー大陸の再浮上が始まります』（ヒカルランド）、『転生会議』『ムー帝国が日本人に伝えた謎を解く』（以上、ビジネス社）。

＊2　舩井幸雄　1933年～2014年。経営コンサルタント。見えない世界を一般大衆に認知させた功労者の一人。著書は400冊を越える。「世のため人類のためのよい近未来」をつくろうと勉強・実践団体「にんげんクラブ」を発足。

＊3　小川雅弘　1960年～。にんげんクラブ取締役。アースキーパークリスタル協会会長。理想郷を築く夢を実現するため、講演会活動など行っている。著書に『たった今、宇宙銀行の財布の口が開きました』（ヒカルランド）など。

二人の生い立ち

――どのような家庭環境で育たれたのでしょうか？

池田　池田家は元から子どもがいませんでしたから、隣家の３人姉妹の真ん中だったおふくろが７歳で養女で入ったんです。おやじは兄弟６人の末子で上の学校には行けず、20歳の時に海軍に入りました。戦争が始まり、おふくろとは婚約しながら、７年間ずっとシンガポールに行っていたそうです。帰って来るという約束で婚約したもののなかなか帰って来ないので、おふくろは周囲に他所の男性と結婚を勧められたそうですが、おやじを待ち続けたんですね。おやじは駐留していた時、現地住民や解放軍から残って欲しいと懇願されたそうで、実際に帰って来られたのは昭和22年です。おやじは夢破れてシンガポールから帰って来て、おふくろとゼロから人生を再出発したわけです。その後、四国で農業を始めた時、せいぜい４反（１２００坪）程度の農地しかありませんでした。貯えができると農地を買い足しながら、最終的には２町歩（６０００坪）まで開墾したんです。

私はそういう農家の次男で、15歳で自衛隊に入りました。兄が結婚して家を出てしまって、防衛大学の受験の時におやじと姉が会いに来て、「おまえと姉さんのどちらかに継いでもらわないといけないが、どうする?」と聞かれました。私が跡を継ぎますと約束して急に跡取りになってしまったので、頻繁に実家に帰るようになったんです。15歳から家を出ていたので逆に反抗心がなくて、帰る度に、おやじと会話できることがとても楽しかったんです。時には友達も連れて行って、深夜の2時頃まで話に興じたりしたものです。

そういう思いもあって、盆正月には必ず子どもを連れて実家に帰省していたんです。そして、42年間、帰ると言いながらもちゃんと帰れずにいる私の替わりにこの土地を継いでくれているのが悠人です。本来なら私が受け継がなければいけないんですけど、いまは20歳の悠人が農業をやって継いでくれているので、とても助かっていますね。

宗庵　先日、悠人さんにお会いしてお話しさせていただきましたが、素晴らしい方ですね。池田さんと同じ波動を感じましたね。信念をしっかりと持っていらっしゃって、ぶれていないです。

うちは父親が事業を幾つも手がけていて、僕が家に帰ると人が何十人と集まっていて、ドンチャン騒ぎの宴会もしょっちゅうでしたね。「人様には立てていただくもので、自分が上に立っていると思ったら大間違いだ」というような考えの父親でした。父親は40歳で事故で倒れて半身不随になり、その後、紆余曲折を経ましたが、頑固一徹で職人魂を最後まで持ち続けた人でした。母親は自分の家に食べる物がなくなっても他人に差しあげるような人でした。

そういう家庭環境の中、男三兄弟で育ちまして、父が倒れてみんながバラバラになり、最後は弟が跡を継ぐ形になったものの、がんで亡くなってしまいました。
僕も難病から奇跡的に助けられましたが、その時の様子は『だいじょうぶ！』に詳しく載せています。子どもの頃に備わっていた能力が一度は封印され、難病の後にその力が蘇って現在に至ります。昔、にんげんクラブの荒井義雄[*1]先生にお会いしたことがありまして、ずいぶんと褒めていただいたことがありました。その時、「世の中のために動かないといけないよ」と言われたことがありました。

池田　父親の影響はものすごく大きいですね。ゼロから農業を始めたおやじは、創意工夫して村で一番の成果をあげるんです。そうしてその秘訣を自分だけで独占しないで周りの人たちに教えるんですね。おやじは常に、「儲けや利益は自分のためだけじゃなくて、周りの人たちも幸せにして一緒に利益を上げて分かち合わないといけない」と言っていました。
お米だけだと生活できないので、日々のお金のためにブロイラーや蚕などいろいろなことを手がけていました。蚕は卵から孵化させる時が一番死ぬ確率が高いので、養蚕組合を立ち上げることで、みんなが協力しながら、リスクを最小限に抑えるような努力をしていました。昔の人たちは、利益はみんなで分かち合い、みんなが豊かで幸せにならないと、村も町も国も幸せにならないという思いが根底にあったんだろうと思いますね。

宗庵　うちの父親も同じですね。どこかの家で病人が出ると、みんなで助け合ったりするようなことも普通にありました。母親は、自分自身のことよりも他人のためにすることに喜びを感じるような人でしたね。

＊1　荒井義雄　1930年〜。薬剤師。日本東洋医学会員。荒井式中心氣功を開発。聖中心道肥田式強健術により呼吸法、氣功を学び、太極拳の理であるタオ、米国認定透視術を習得。著書に『ミラクルを呼ぶ 荒井式・中心気功法』（評言社）など。

八十八ヶ所巡礼は青年団の行事だった

池田　愛媛は四国八十八ヶ所巡礼の地ですし、うちは40番札の観自在寺《かんじざいじ》の近くです。先日の勉強会でも観自在寺のご住職の奥様にお会いできて、つながるご縁を感じましたね。

私のおやじの頃の代まで八十八ヶ所巡礼は青年団の行事で、いまのような観光的なイベントではありませんでした。我々の年代の頃から、そういう風習が途切れてしまって人とのつながりができなくなってしまった。

かつては20歳になると集団で60日くらいかかって歩くんですけど、当時はいまのように宿泊所があるわけではないので必ず「おもてなし」をしてもらえました。うちも必ず玄関で袈裟にお米をあげたり、余裕がある時にはお金をあげ、もっと余裕があると泊まらせてあげたりしていました。僕は一番の年少だったので、泊まった人と寝食を共にして彼らの話を聞いたりして、「おもてなし」の真髄を身を以って体験することができたんです。60日だと60回の「おもてなし」を受けるので、世の中のありがたみがしみじみとわかりますね。巡礼しながら感動しながら、空海の霊験を自分の魂でも体験して、やがて卒業する。これでようやく青年団を卒業して大人の仲間入りを果たすという、そういう行事だったんですね。

宗庵　八十八ヶ所巡礼が青年団の行事だったとは、それは初耳です！

山の神様を忘れてしまった日本人

池田　3月の節句の時には料理を詰めて、みんなが集まって山の中腹の奥の宮で山の神様に参拝するんです。見晴らしの良い相撲場があって、そこでは子供みんなで奉納相撲をやるんです。男と女で取り組んだりもして、年上の子は下の子や女の子にわざと負けたりするんですよ。翌日になると、みんなが総出で田植えをして、みんなの田んぼを大小関係なく無償で順番に手伝い合うんです。「結いの精神」とでも言いますかね。これが昔の節句でした。
でも、せっかく父親の代まで残っていた風習を僕らの世代が受け継いでいません。時代の流れの中で僕らは断絶させてしまった世代と言えます。これは一つの小さな村での話ではなくて、ひょっとすると日本だとか、一番大事な生き方というものを、実は知っているんだけども切ってしまったと言いますか。それでもつなげないといけないんですけどね。

宗庵 僕は子どもの頃、毎朝、校長先生とかと一緒にお宮の庭掃除に行ったものです。先日、久し振りにそのお宮を訪ねると荒れ放題で酷い状態でした。僕らの頃は誰かが掃除したものですが、いまはみんなが「誰かがやるだろう」と放ったらかしです。これは人間の霊性が下がっている証拠だと思います。

池田 宗庵さんのおっしゃる通りですね。僕が中学生の時、利便性があるということで、集落ごとに集会所が作られました。その結果、人々が山の神様の存在を忘れるようになってしまった。
僕は盆正月は必ず帰省しますけど、子どもの頃によく行った相撲場を20年ぶりに訪ねたら、雑木林になっていました。山自身が落ちぶれてしまったということは、村も人々も霊性が落ちてしまったことと同じだという氣がしてなりません。

宗庵　観音堂とかもないんです。そこの御堂がなくなった時点で木も全部枯れてしまったそうです。力がなくなるんでしょうね。
　伊勢神宮でも20年ごとに遷都することで魂を移すと、元の場所が朽ちていくのと同じことなんでしょうかね。人間の霊性について、ちゃんと理解できている人たちがまだまだ少ないので、ごく一部のわかる人たちでやるしかないのが現状だと思いますね。

池田　山々の神々も自然も自分自身とつながっているのに、そこが忘れ去られてしまっています。人間だけが浮いちゃっていますね。

宗庵　霊性が途切れてしまっていますね。今朝も食事の時、この服装（作務衣）で手を合わせて「いただきます」としたら、周囲の人たちに「どこかの宗教家の方ですか？」と怪訝な様子で聞かれたんですけど（笑）。昔、私が子どもの頃は普通にみんながそうしていたのに、いまはなんか奇異に見られますね。まず、感謝したらいいんですよね。日本は八百万《やおよろず》の神々の国で、これだけ受け入れて相手をも包み込んでいく国は、世界広しと言えども他にはありません。現代の風潮は排他的で、自分さえ良ければという人たちが多いです。思いやりもないですし、相手を知らず知らずの内に傷つけても、それに氣づいていません。

池田　言葉にしたら「ありがとう」ですよ。「ありがとう」を一日最低でも10回、私も言いたいと思っているんですけどね。みんながそれを実行できるようになれば、世の中はかなり変わっていくと思います。

目醒めを促す現在の活動

――現在はどんな活動をされていますか？

池田　私は5年前に自衛隊を退官しました。それからは、真実を世の中に伝えるための講演活動や本の出版を続けています。呼ばれればどこへでも出向くようにしています。

宗庵　僕の知人が池田さんの初期の頃からの活動を知っていて、ちょっとした小さな集まりでも必ず来てくれる方だと言っていました。最近は池田さんの知名度もどんどん高くなっていらっしゃいますが、これからはもっともっと大きくなるような氣がしています。先日も沖縄に行きましたが、年齢に関係なく目醒めた人たちが増えていて、独自にコミュニティを作ったりしながら、とてもエネルギッシュに活動されていました。彼らの間でも池田さんはよく知られた存在でした。

僕は源龍[*1]という居酒屋を営んでいて、営業日以外は全国のあちらこちらに出向いて、講演会やセッションなどもさせていただいています。

池田　そうでしたか。僕は草の根や口コミじゃないと世の中は変わらないと思っています。

昔は船井先生と五井野正博士[*2]と光明君とでタッグを組み、新薩長同盟の心意氣で日本の闇を蹴散らすようなこともやっていたんです。でも、船井先生も光明君も亡くなられて、その時に感じたことは、もうそういう時代ではなくなったということでした。

これからは一人ひとりの草の根で変わらないと世の中は決して良くはならない。ドイツはその好例です。グリーンコンシューマー（環境に配慮した製品を選ぶことによって社会を変えていこうとする消費者）の先進国ということは、国民がそれだけ賢いのであって、さすがに哲学の国です。そのレベルまで行かない限り、国は変わりません。

宗庵　僕らも同じです。人から人への口コミがとても大事で、特に大手のマスコミなどは真実を曲げて伝えたり封印します。体制側に都合のいい情報しか流さない傾向があります。

池田　まさにマインドコントロールの世界です。

宗庵　池田さんの著書『マインドコントロール』（ビジネス社）を、本当にみなさんに読んでいただきたいですね！　まったく、本に書かれている通りです。僕もよく「有意の人」という言葉を使います。「スピリチュアリティを語るスピリチュアル好きな人」と「有意の人」とは、違います。

池田　僕は要は真実をそのまま語っているだけです。そこを素直に伝えてもらいたいんですね。僕はたいしたことはやっていませんけれど、唯一、貢献したなと思えることは、現職自衛官でありながら、『マインドコントロール』という本を2冊出したことです。

現職自衛官の僕がこういうことを言ったので、言いたくても言わなかった人たちがそれからは安心して言えるようになったんです。ちょこっとだけ堰を切ったようなものなんですけど、それが唯一の貢献かなと思っています。

宗庵　素晴らしいです。僕らもそうですけど、真実を伝えようにも限界があって、歯痒さがあります。池田さんの場合は現職でしたから、言葉の真実味に勝るものはありません。池田さんのお陰で、それまで僕らがずっと踏ん張っていてモヤモヤした氣持ちが、スッと抜けたようで楽になりました。池田さんと愛南町でお会いした時、上からは「池田さんといろいろな方たちを

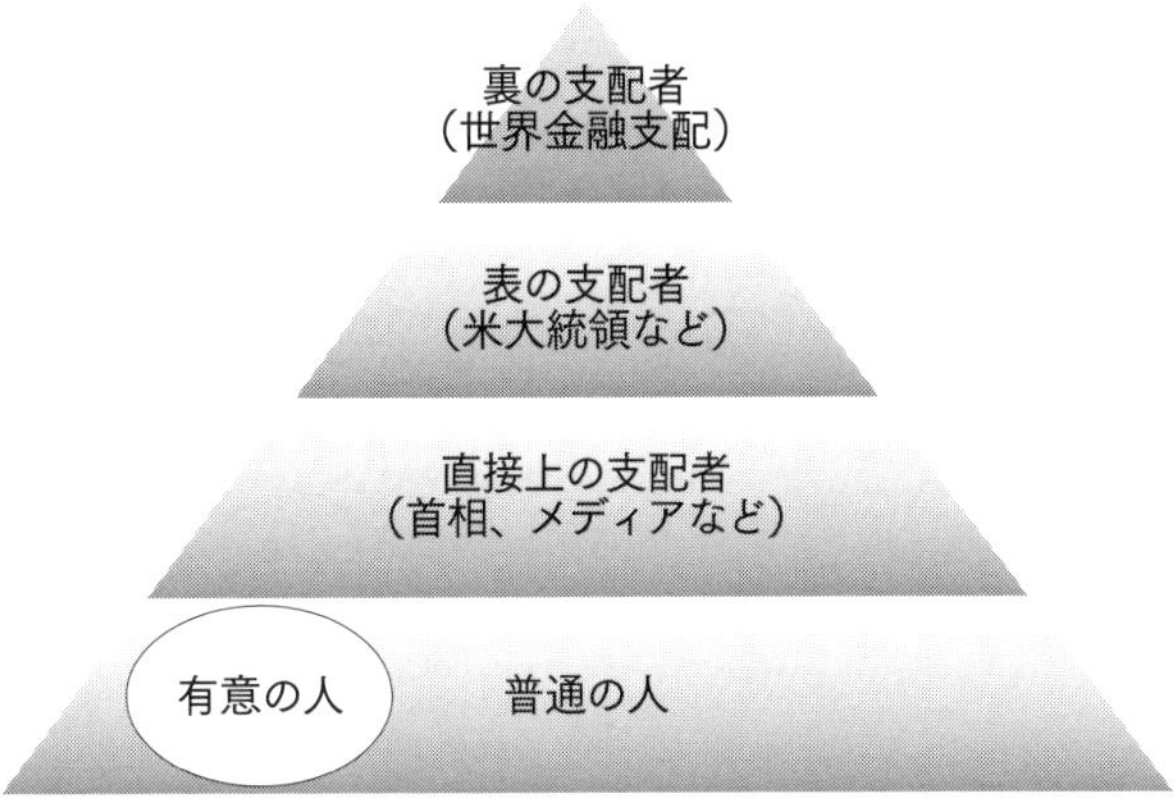

現在の世界支配構造をほとんどの日本人は知らない。世界の大半を占める普通の人（有意の人）がいかに目醒めるかにより、地球の明暗は分かれるのだ。（提供：池田整治）

つなげ」と降りました。

池田　人間は多分、ラジオの受信装置みたいなものですから。どのレベルの波動のチューニングをしているかによって、聞こえるものも違うと思うんですね。

亡くなった方々は、生前は「これじゃないといかん」というような強い思い込みのままで亡くなっているので、強い念を送って来るものです。

そのような念の波長と合ってしまった3次元の人は、神様からのエネルギーと勘違いをして、それを広めてしまって、後で大変なことになったりするようなこともありますね。

宗庵　人間には自我と真我がありますが、盲信する人は自我の強い傾向があります。僕は自我の強い人とは争わないようにしています。相手がいくら扇動してきても、曖昧にしながら決して争いにならないように上手にかわします。盲信している人というのは相手に圧（プレッシャー）をかけますから。
池田さんでも尾身先生でもそうですけど、圧をかけませんし、年下だろうが年上だろうが誰とでも平等に接して下さいますし、人間の器が大きいです。そして、威張らないですね。

池田　そうです。威張ったところで、所詮は何もないですから。

＊1　源龍　宗庵氏の経営する和食割烹料理店。開業の経費で貯金も底を尽き、2013年の開店日には手持ち金が240円しかなかった。その後、カウンター席9席の隠れたスピリチュアルスポットとして口コミで広まり続けている。
＊2　五井野正　1950年～。世界のさまざまな人名辞典に大きく紹介され、発明家、科学者、宇宙工学者、医学・薬学研究者、芸術家、アカデミシャンなどマルチな才を発揮。著書に『七次元よりの使者』（創栄出版）など。

魂を磨く

宗庵　自分の魂の磨きを日頃からしっかりとやっておかないといけません。自分が低い波動を出していたら、低い波動の影響を受けてしまいます。誰でも自分の中には内在神がいますし、霊性を高めるということは自分の中を高めることです。外に影響されても負けないだけの自分の中の強さというのは、魂磨きしかないです。

池田　ええ、魂磨きですね。最近の流行で言うならば、人間は肉体がある以上は三次元の魂レベルを持っているわけであって、魂を磨けた人は人間を卒業して5次元レベルまで行けることになります。人間として残っているということは、残念賞をもらってこの地球に生まれて来ているか、導き役としてわざと残っているか、どちらかでしょうね（笑）。

宗庵　やり直し組ですね（笑）。

――こういう活動をされていると、危険な目に遭うこともあるのではないですか？

池田　この活動を始めた頃、ネットで私の名前を検索すると2番目にヒットするのが〝トンデモ幹部〟でした（笑）。現職自衛官でありながらホメオパシー[*1]という似非科学をずっと推奨しているトンデモ幹部がいると書かれて、それがネットで拡散されました。長男がネットでそれを見て「ね、ね、お母さん、た、た、大変だよ！うちのお父さんがネットで〝トンデモ幹部〟〝トンデモ池田〟と書かれているんだよ」と言ったらしく、妻からは、「お父さん。何をやられても結構ですけど、退職金だけは貰って下さいね」と言われたこともありました(笑)。

私はホームページ上で勉強会や講演会などのスケジュールを公開していますが、その開催場所に行くなとか、情報を開示するなとか、警告文をメールで送って来たりすることもあります。電話を受けた時に、会話中に雑音のような「カチャッ」という音がすることが何度かありました。私は勝手に盗聴かなと解釈しています。昔、作戦幕僚を務めていたことがあるので、そういう部分は敏感に感じます。だから、逆に住所も電話番号もすべてをオープンにした方がいいんです。ちょっと嫌だなと感じたことは、ある時、田舎で農業を始めた悠人を遠くから望遠レンズで写真を何度も撮られたことがありました。それは何だったのかということが氣にはなっていますね。でも、それもありですかね。変に氣にしても仕方がありませんから。

宗庵　そうですか。疑ったら切りがないですけど、そういうことに負けないと言いますか、ぶれない魂を池田さんはお持ちだと思います。それだけの魂がないのなら、最初からやらない方が無難です。僕の活動の原点は、難病で死にかけた経験です。「生かしていただいている限り、自分としてのお役があるのでしたらやらせて下さい」と上に伝えたら、それからはどんどんと人につなげて下さいます。

危険な目と言うことでは、先日の沖縄でのセッションの時にも、不審な動きをする人がやって来たので、上に確認したら「氣をつけろ」と出たので相手の目をジ～ッと見たら、目を逸らされましたね。どんな人でも目にその人の内面が出ますから、ぶれないで凛と構えました。
携帯電話で会話をしていると途中で切られることも度々ですし、インターネットも何度も遮断されます。だから、最近は手紙を使うようになりました。

池田　う～ん、そうでしたか。一番いいのは手紙ですね。僕は大事な話がある場合は、人に直接会って小声で耳打ちするようにしています。今日のこの対談でも、盗聴録音しようと思えば、窓ガラスの振動を利用して盗れますからね。

＊1　ホメオパシー　２００年ほど前にドイツの医師ハーネマンがその生涯をかけて確立させた自己治癒力を使う同種療法。その起源は古代ギリシャのヒポクラテスまで遡る。

泰然自若

――不安や弱氣になることはありませんか？

宗庵　逆に僕は発奮します。「来るなら来い！」という覚悟です。相手から圧がかけられた時に、上が「いまこそ、心してかかれ！」と伝えて来ます。弱氣は絶対に出さないです。弱氣をだすとそこに影響を受けて魔が入ります。自分の弱い部分はあるかも知れませんが、敢えて出さないですね、3次元的には。

池田　僕は空手もやりますけど、はっきり言って無になれば、相手が来ればそれに応じればいいだけのことです。いかに肚を決めるかですね。リアルな臨死体験はしたことがありませんが、オウム真理教[*1]の事件で上九一色村に入る直前は妻に、「3日間、連絡がなければ死んだと思って諦めてくれ」と話しました。あの時は私の方から敢えて危険な状況の中へ飛び込んで行きましたから。あの経験に比べたら、何が来ようがたいしたことはありませんね。

宗庵　よく上から降りるお告げが「覚悟と勇氣を持て」ですが、武道家の方たちには、そのような氣概をお持ちの方がとても多いと思います。上は「事は起こってから考えればいい」とも伝えてきます。起こる前に考えるから不安になります。

ただ、起こった時に備える覚悟はいつでもあります。天風会で言うところの「晴れて良し曇りても良し富士の山」で、何が起こってもいいけど、起こっていない時には微動だにしないことです。

池田　もう少し理知的に個人、社会、国、日本民族、人類という問題を考えた場合、たとえば日本のポジションだったら、いままではお金儲けだけを考えて、その一部をアメリカにみかじめ料としてやって日本の安全を保てたんです。別に日本人がそれを選択するなら、それでもいいんですけどね。その日本人がお金儲けだけで良かったと思っていたのが、いつの間にか人口がだんだんと減少して来ている。

僕の解釈では、放射能や化学物質、遺伝子組み換え食品等でＤＮＡが損傷されて、なおかつさらにお金も全部持っていかれてというようなことになってしまっている。いままで通り変わらずに「自分だけ」「いまだけ」というようなことを続けていたら、氣づいた時には、その自分自身の家系もやがて三代でゼロになってしまうということです。

宗庵　池田さんには、そこを強調して欲しいんですね。ボーッとしていたら、本当に他人事じゃありません。上からもそういう言葉が降りています。

池田さんの『マインドコントロール』をいろいろな人に紹介していますと、中には読んで恐怖心を感じる人もいるので、その場合は誤解のないようにフォローさせていただいています。そうすると、その人は世の中の真実にちゃんと向き合うようになってくれて、いまではそういう人がどんどん増えています。

池田　良かったです。著者冥利に尽きますね。タイトルがタイトルなので、女房からも、「もっと女性向けの本を書いたらいいいんじゃないんですか」と言われています（笑）。

宗庵　昔と違って、いまは奮起する人が多くなったように思います。霊性が上がって来ているんですかね？

池田　魂のレベルが上がって来た証拠ですね。

宗庵　よく病院の先生から、「なぜ専門的な質問にも即答できるんですか？」と聞かれますが、上が僕の口を通じてお伝えさせていただくからです。

「不安や恐怖から、安心や幸せに替えよ」もよく降りますね。

中には使命感を感じて動こうとする人がいますが、そういう人には「あまり先走りする必要はなくて、みんなと横並びでいいんですよ」とお話しします。先に先導する役割りの方のお一人が、例えば池田さんなんですね。

＊1　オウム真理教事件　1980年代末期から1990年代中期にかけて、オウム真理教の教祖である麻原彰晃が救済の名の下に日本を支配して、自らその王になることを空想し、教団と敵対する人物の殺害や無差別テロを実行した。

「滅びの道」と「永久《とわ》の道」

池田　大きな人類の魂の本来の役割と言うよりも、大きな長い意味での魂航路、人生航路が流れとして存在しています。肉体は変わって行っても、魂は永遠に続いて行くんです。今回は地球上の3次元に生まれて、この魂グループはやがて5次元へと上昇して行き、6次元になると肉体を持たなくてもいいとされている神の境地です。最終的には7次元という大宇宙の神様と一体化する。あるいは、そこから体験のためにゼロからふたたび始めて行く。その大きな輪廻の観点から見た時、地球は大きな過渡期にいて、3次元から5次元へ上手く上昇できるのか？　あるいはご破算になってしまうのか？

この対談中に私が飲んでいるトマトジュースですが、残念ながらこの中には化学添加物や農薬がたくさん含まれています。権力者たちにしてみると日本人は厄介な民族だから、ここで日本人をゼロにしてしまおうという働きが、もしかしたらあるかも知れない。それはあくまでも仮定ですが、現実問題、いまの衣食住を続けていたら、本当に三代で物理的に破壊されて自分たちの未来がなくなってしまうということです。そこに氣づいた時には、相手がいかに脅そうが何しようが、そんなことは関係ありません。

日本人の未来の選択には二つの道があって、アメリカ・インディアンのホピ族の長の言葉を借りれば、「滅びの道」ではなく「永久の道」へ舵を取り直すことです。そのために具体的にどうすべきかをみなさんが知れば、多分、変わると思うんです。

宗庵　本来なら誰でも氣づけるはずなのに、そこがかなり汚されています。外に答えを求めるのではなく、自分の内の磨きをしっかりしない限り、良くなるのは難しいかも知れませんね。

真実からは目を逸らさない

――ぶれずに活動を続けられる原動力は何でしょうか？

池田　一つは、ただ単に真実を伝えているからです。

わかりやすい例として、ベラルーシという国があります。30年前にチェルノブイリの原発事故があって、事故の6～7年後から人口が激減しているんです。ウクライナでもそうです。当時ここで生まれた赤ちゃんたちが若者へと成長していますが、彼らから生まれて来る正常児の割合が減っているんです。いま生まれている子どもたちは、30年後に子どもを生めないでしょうね。現世代～次世代～次々世代の三代の遺伝子が放射能で破壊されますから。
チェルノブイリは爆発後わずか2週間で石棺で封じ込めたにもかかわらず、です。日本の場合、水道水にも放射能が入ってしまっていますし、大氣中と海水中に垂れ流し状態で5年が経過してしまった。このことからも、この状況が続く限り、日本人がやがてゼロになることは目に見えているじゃないですか。ベラルーシの前例を考えればわかることです。

では、何のために人間はこの世に生まれて、ここにいるのか？　先程、魂の7次元のお話をしましたが、要は一人ひとりの問題です。誰もが地球で3次元の貴重な体験をさせていただいて、御魂磨きの魂レベルを上げる勉強をさせていただいているはずです。そう考えた時、本来の自分がいかに魂レベルを上げていくのかという生き様が大切じゃないですか。

僕はいまの放射能汚染に対しての考え方や意見を述べましたが、ベラルーシの真実について、ぶれる必要はありません。極論すれば、「原発は安心です。1000ミリシーベルトまで健康に害はありません。ホルミシス効果[*1]があるから低線量でも大丈夫なんです」などと言う有名な人ほど、多分、すぐに家が建てられると思うんです（笑）。私みたいな凡人が放射能についての真実情報を発信すれば、女房が夜鍋をしなければならなくなるんです。いまの日本はそういう現状です。

しかしながら、家族だって一人ひとりが魂の勉強に来ていて、そのために相手を選んで生まれて来ているわけです。長い目で見た場合、本当はどちらの生き方が魂にとっては幸せなんだろうか？「原発安全ですよ」と言って現世でご利益があるとしても、魂の進化には全く関係ないです。物質的な財産はあの世に持参なんてできるわけがないです。

そう考えると、ただ単純に真実を伝えて、とにかくこの魂をゼロにさせないことです。肉体が3次元でなくなるということは、地球上での体験ができなくなるということです。それだけは最低限として、民族なり、人類なり、あるいは日本人そのものが生き永らえるような「永久の道」に行くような生き方を選ぶべきじゃないかなと思います。僕にとってはそれは当たり前の話です。

宗庵　そうですね。魂を磨いていたら上とはつながります。「我良し」の世の中はすでに終わっていますから、「皆良し」の世の中にしないといけないと思います。

僕が余命宣告されたものの、絶対に諦め切れずに助かる道を模索して、上のパワーとしか考えられないような何かで誰も治せなかった難病を一瞬で消してしまったということは、見えなくても、何かの力が作用していると思うんです。それからは奇跡の連続が起こり始めましたので、そういう人智の及ばないようなすごい力が間違いなくあるはずだと確信しました。

そのような力とつなげていただくには、自分の霊性を日頃からしっかりと磨いておくことだと思うのです。人間は肉体があるので限界はあります。僕の場合、しっかりと生きることや、降ろしていただいた形を自分なりにできる形で広げていくような氣持ちでやっているんです。

上が「みな、私の元から出ている」と伝えて来るんです。みんなが上という大元から出ているのであれば、横のみんなも結局は一緒だということです。それなのに、相変わらず争いや非難や中傷や搾取などが起こっているのが、いまの世界です。でも、これは上の意思ではなくて、人間の自我が脱線し過ぎて引き起こしているからだと思います。上は元一つですし、相手が神だと思ったら一生懸命に相手のためにするのが本筋だと思うんです。上は誰もが幸せになるようにと、あらゆる物をこの地球に降ろして恵んで下さっています。

ところが、その恩恵をいただいている側の人間は、まず自分だけが幸せになろうとしています。先程、池田さんから愛南町のお話がありましたが、この南予地方という土地柄なのか、自分も他人も「皆良し」のようなところがあって、相手に要求するよりも自分から相手にしてあげるような氣質の人が多くいらっしゃいます。これはとても神的と言えます。

僕は何かを恐れるわけでもなく、特に信念があるわけでもなく、ただ、それしかないです。

魂は人それぞれの物ですし、生まれ変わりながら磨いて行くんですけど、「この地球に生まれている人間は、誰もがやり直し組だ」と上は伝えます。そのやり直し組が、前世の行状をあの世で反省して地球に生まれ出たはずなのに、ふたたび同じことを繰り返しているんです。

＊1　ホルミシス効果　1978年にアメリカのトーマス・D・ラッキー教授が、少しの放射線量ならば体の健康に役立ち、低線量の放射線照射は生物の成長・発育の促進、繁殖力の増進および寿命の延長という効果をもたらしうると主張した説。

やり直し組

池田　僕は講演でもよく言うんですけど、「みなさんがこの地球に残っているということは、5次元まで行けなかった残念組なんですよ～（笑）」。残念組同士で喧嘩したところでお互いが惨めになるだけですよね。昔、コント55号の欽ちゃんが、「なんでそーなるの!?」とよく言っていたじゃないですか（笑）。けだし名言です。

宗庵　みんな「やり直し組」だとわかれば、まず、わかる人たちから行動することです。〝わかる人たちだけで〟という言い方をする人がいますが、〝まず、わかる人たちから〟という言い方が妥当じゃないでしょうか。言葉は紙（神）一重です。光と闇は表裏一体で、お互いの存在があるからこそ、光も闇も確認ができます。嫌なことをする人は、嫌なことが何かを教えてくれる必要な魂だから、それには感謝することです。なぜなら、自分の中にも同じように嫌な側面があるからです。上からは「嫌なことをする人に対して嫌だなと思う自分の卑屈な氣持ちが、相手も自分も痛める」と出るんです。

僕にとっては、ぶれる、ぶれないというのはあまり問題ではありません。死ぬ運命だった自分を助けて下さった存在がお告げを下さるのなら、自分はそれに応えさせていただくだけです。そうすると、とにかくいろいろな人たちにつなげていただきますね。

池田　私もそうですけど、凡人がやるには瞑想などはいいかも知れません。防衛大は全寮制ですから、夜、自由に瞑想ができます。瞑想を続けていると自然との一体感を感じれてやがて声が聞こえて来るようになり、自分の意識でどこへでも飛んで行けるようになります。そういうことをずっと続けていて、やっぱり瞑想はいいなと思いました。卒業して自衛官になると忙しくて、瞑想するどころではありませんけどね。

宗庵　天風会でもよくお伝えするんですけど、自転車に乗るのと同じことです。一度、瞑想の醍醐味を味わったら、外の雑音などは氣にならなくなります。ただ、どういう瞑想をやらなければいけないのかとか、方法論は二の次です。

池田　誰もいないような山を縦走している内に瞑想状態になって、木々が自分に話しかけてくるという経験がありましたが、これは誰でも体験できると思います。週末、試しに山を歩かれて体験してみたらいいと思います。僕はカメラが好きなんですけど、花と会話ができないとシャッターが切れません。花が「私を撮って……」と自分に話しかけて来る声が聞こえる感覚です。それが山歩きやカメラの楽しみの一つだと思いますね。

宗庵　池田さんの写真を拝見しましたが、本当に魂が宿っていますね。

　友達が枯れた観葉植物を捨てようとしていたのでもらって来て、自宅で話しかけてあげると見事に生き生きと元氣になりました。自家用の中古車でも、燃費が良くなって故障も起こらなくなります。僕の出している波動を車が感知するからそういうことが起きるんです。物体の中では原子が動いているわけで、すべては波動です。

　上は「地球で最も影響力のあるのは人間だ」と伝えて来ます。その人間がいまだに悪い波動を出しているから、そこで神は何をするかと言うと、人間に氣づかせるために自然災害や天変地異などを起こすわけです。そうすることで、人間の持つネガテティブなマイナスの感情、「魔の波動」を消そうとしています。

木を見て森を見ず

池田　タイガの森林でも一本一本は異なるいろいろな木々の集まりで、地面の下では根っこが複雑に絡み合いながらつながっています。もっと大きな視点で考えれば、地球という一つの魂とつながっているとも言えます。「木を見て森を見ず」という諺がありますが、人間社会で雑多な毎日を過ごしていることが「木」だとすると、どうしてもそこを見がちなんです。だから、「森」、つまり地球が見えなくなっていると思います。どのレベルまで意識できるかが重要です。

いまのままだと地球自体が機能しなくなってしまいます。天変地異は地球からのメッセージかも知れませんね。一部には地震も人工的に故意に引き起こされているという考え方もありますけど、人工であろうがなかろうが、地球の表面で人間がやっていることに変わりはないということです。結局、いまの人類の大きな集合意識が引き起こしていると思います。

――ぶれてしまう人たちに共通しているものは何でしょうか？

池田　僕はエゴだと思います。

宗庵　同感です。

池田　どのレベルで何をするかが問題です。たとえば、お医者さんが患者さんを本当に助けてあげたいという場面があるとしましょう。お医者さんはそのためにいろいろと勉強をして、波動や量子力学や栄養療法などいろいろと考えます。でも、そのお医者さんに娘さんがいて跡取りにしたいけれども、優秀でないから入試では医学部には通る見込みがない。そうしたら、高額な寄付金入学を考えるでしょう。抗がん剤を一本打てば儲かるので、お医者さんは抗がん剤を患者に使用することに一生懸命になっていく。打つ度に、大学も家も、あるいは愛人も手に入る(笑)。これは極論過ぎますけどね。

だから、ぶれるかぶれないかは、その人の意識レベルの問題だと思います。私の知人の女性実業家が、「いまの男性は収入が2000万円を越えると狂い始めます」とおっしゃったんです。狂うとはエゴに振り回されるという意味です。あまり収入が入り過ぎると、目の前の物質的な物に心が捕らわれるようになってしまう。

宗庵　そうですね。エゴですよね。尾身先生が口癖のように「一つ叶えばまた二つ」という諺を引用されますが、「思うこと一つ叶えば　また二つ　三つ四つ五つ　六つかしの世や」、あれもこれもと欲を出し始めたら切りがなくなります。僕は何事も使命感でやろうとすると歪みが出るので、その時は、「何を言われても自分自身をぶれさせるな」という上のお知らせだと氣づきます。病氣や不具合や、人間関係が悪化するようなことが起きると、人はその理由を外に探しがちです。上は「結果としてそういう現象になって出ただけだ。そこで出たのだから、それに氣づいて、そこで戻せ。深刻な事態になる一歩手前で知らせたので、本当に大変なことはその先にある」と伝えて来ます。いまの世の中が大変だと感じている人も多いでしょうけど、それは多分、まだ本当に大変ではないと思います。

ある獣医のエピソード

――池田さんの講演会で獣医の方のエピソードをお話しされていましたね。いまの日本の問題点を見事にあらわしているなと感じたのですが……。

池田　私の知人に天才的な獣医の方がいます。彼はペットの心臓手術ができる〝神の手〟を持つ方で、世界的にもトップレベルです。昔、日韓関係がとても悪くなった時期がありましたが、その時でさえソウル大学の授業に呼ばれるほど素晴らしい先生です。

彼はペットフードの研究もされていて、石油化学添加物がペットの肝臓がんや膵臓がんの原因であることを統計的に出して、それを学会で発表されました。その学会後、帰り道でこん棒を持った3人に襲われてしまったんです。ところが、先生は元日大空手部の五段で180センチメートルもあるから、3人を簡単に倒してしまい、1人を警察に突き出したそうです。事情聴取でわかったことは、ペットフードの某社が暴漢にお金を出していたことでした。私は作戦幕僚長の経験からもわかるんですけど、犯行には計画が必要で、細かい部分まで詳細に知っている必要があります。先生のプライベートな情報を相手に与えたのが、なんと学会参加者だったことも判明したんです。可愛いワンちゃんのために食べさせた物が、実は病氣の原因だった。そんなことも知らない飼い主は動物病院に連れていくことになり、そこの院長は「美味しいカモが来た来た来たぞ〜。イヒヒヒヒヒ」とほくそ笑んでいる(笑)。

先程の抗がん剤の話じゃないですけど、いまの日本は、ペットにさえワクチンを打つようなとんでもない国に成り下がってしまっているんです。そのようにしてお互いがお金を儲けている。これはペットフード業界だけでなく、コンビニの食品もそうですし、洗剤でも飲料でもファーストフードでも、我々の生活のあらゆる所と決して無縁ではありません。残念ですけど、宣伝している商品は買わない方が無難だというような時代に成り果てています。

その先生の事件は、日本の現代社会が抱えている大きな問題の縮図をあらわしていると言えます。先生は常々「家族のために料理を手作りするのと同じように、ペットにもそうしてあげて下さい」と指導されています。本も出されていて、どれも素晴らしいです。

宣伝されていなくても、優れた商品は探せばあるということも事実です。私もミニチュアダックスフンドのハッピーちゃんを10年も飼っていて、ずっとペットフードしか食べさせて来なかったので、それを先生に相談したことがありました。先生は調べて下さって、「僕はペットフードは化学添加物だらけで全部ダメだと思っていたんだけれど、こんなに良い物を知りませんでした。これは自然素材で、ペットには害がないですよ」と言われたんです。それはたまたま僕がネットで探して選んだんですが、そういう会社は宣伝はしていませんね。

大事なことは、情報は探せば必ずあるということなんです。テレビＣＭなどで宣伝すれば宣伝料が商品に上乗せされることになり、そうした会社はほとんどが上場企業なので、消費者よりも株主に利益を還元することが目的になっています。逆に言うと、宣伝していない物を買うことです。本当に素晴らしい物ならば大切な家族や友人には口コミで教えてあげていただきたいですね。これが草の根です。常にアンテナを張っていることが大事で、必要な物事にはいつか出会えると思います。テレビＣＭの戦略に乗せられてしまうと、安心して生きてはいけない。化学添加物でも子宮頸がん予防ワクチンでも、すべてにつながって来ると思います。

宗庵　日本だけでなく世界の社会構図はピラミッド型で表すとわかりやすいですね。ピラミッドの最底辺が世界の大半を占めている一般大衆で、彼らはそこに氣がついていないで染められて生きている。その階層の人たちからの草の根によるアクションがないとダメです。支配層のトップはわざとやっていますからね。

草の根の活動を愚直に貫く

池田　私がいまのような真実を伝える活動を始めた初期の頃、霞ヶ関に呼ばれて講演をすると、背広を着てネクタイを絞めたステレオタイプのエリートのような人しか来ないわけですよ。3・11以降、放射能の危険性について話すと、相手の表情が見る見る内に強張って目をつりあげながら、「貴様！ 何を言うんだ」というような感じで僕を睨みつけてくるんです（笑）。舩井先生がおっしゃっていましたけど、最初の2～3パーセントの有意な人たちが自発的に自らの意志で良いことを行って広めれば、20～30パーセントを占める素直な人たちはすぐに行動し、50～60パーセントの普通の人たちもやり始めて、やがて時流になっていくんです。

宗庵　百匹目の猿現象[*1]ですね。

池田　ええ。最後に残っている10～20パーセントの人たちは、猿社会の中で言えば、最後まで泥を洗わずに泥芋を食べていたボス猿とその仲間たちで、いわゆる既得権益の連中です。人間社会も全く同じですね。だから、その既得権益の少数側に働きかけたところでダメですし、一生、伝わらないから変わらない。彼らは死ぬまで反面教師という役割りで生まれて来ていますす。普通のレベルの人たちまでが変われば世の中も一氣に変化するので、素直な人たちから順番に草の根の力でコツコツと積み上げていくことが大事なんです。

宗庵　池田さんのすごい点は、現職の自衛官時代にこういう活動を始められたことです。説得力が全然、違います。矢作直樹[*2]さんも池田さんと同じような役割りの方だと思います。『人は死なない』（バジリコ）という大ベストセラーで、人間の魂や生まれ変わりなどについて一般大衆に認識させた貢献度は、とても素晴らしいことだと思います。これも矢作さんが東大の先生だったという点が、大きな説得力になっていると思います。

僕の場合、難病の後、奇跡のパワーが降り始めて、それをすごいと言って下さる人がいらっしゃるんですけど、僕が治しているのではなくて上のパワーが僕を経由することで相手が元に戻っているだけなんです。僕は上の道具に過ぎませんし、僕を盲信しないようにと申し上げます。僕は宗教でも何でもありませんから。上と常につながっているにはパイプを詰まらせないことが必要なので、しっかりと生きないといけません。出会う人たちとは一生懸命に接しますが、「こちらからセールスをしたり病氣探しや不幸探しもしません。上も「それは違う」と伝えて来ます。ピラミッドの底辺の人たちが世の中の真実に氣がついてくれたら、世の中はかなり良く変化するでしょうね。先程、池田さんから奉納相撲のお話がありましたが、相撲はまさしく神的なんです。塩を撒いたり手を広げる動作など、神事ですよね。

池田　昔の日本人は神々とつながっていたんですよね。神々とつながれる民族で、国として残っているのは、世界で唯一、日本だけです。一部の権力者にしてみると、脅威だったと思います。いまは全くと言っていいほどにつながっていない。切られてしまったんですね。

本当はキリストもベンハーもマリア様も、我々と同じ黄色人種なんです。ムー大陸が沈んで、縄文文明が日本に渡来して、世界の人口増加とともにマヤ人やインカ人やインディアンが生まれ、世界中に広がって行きました。それを端っこにいた白人が武力で他民族を征服した歴史が近代500年間だと思います。キリストもベンハーもマリア様もみんな白人だったとマインドコントロールをかけてしまったわけです。それが映画のハリウッドで、映画はそのツールの一つです。白人たちが植民地化して行きながら文献なども焼いてしまった。辛うじて文献として残っている国は日本だけです。それでも、戦後、貴重な文献が大量にGHQによる焚書の憂き目にあっていますけどね。源氏物語は1300年も前の物語ですが、135人が登場して、恋の彩、情緒、侘びがずっと残っていて、こういう国は他にありません。

宗庵　上が「歴史は勝利者が都合のいいように全部塗り替えている」と伝えて来ます。人類が発生した頃は、そもそも言葉というものさえ存在していなかった。言葉がないから隠し事もなかったらしいです。だから、世の中も平穏無事だったのに、ある時、言葉が作られて渡されて、みんなが意思の疎通ができるようになった。言葉が浸透すると人間の魂が老朽化し始めたので、そこで言葉が取り上げられたようです。

私がご縁をいただいた安藤妍雪先生[*3]は神代文字を練習される時、自動書記みたいな状態になられるそうです。その理由を尋ねたところ、魂に入った時に初めて神代文字が書けるようになるそうなんです。それまではいくら書こうとしても書けないそうです。

＊1　百匹目の猿現象　宮崎県串間市の幸島に棲息した猿を例に、「ある行動や考えなどが一定数を超えると、これが接触のない同類の仲間にも伝播する」という現象。参考書籍に『生命潮流』（ライアル・ワトソン。邦訳工作舎）などがある。

＊2　矢作直樹　1956年〜。医学博士。麻酔科、救急・集中治療、外科、内科、手術部など医療現場での数々の不思議な体験を通して2011年に著書『人は死なない』（バジリコ）がベストセラーとなり話題となる。著書は20点を越える。

＊3　安藤妍雪　日本古代文字書道家。日本の神代文字研究の第一人者であり権威的存在。3歳より書の道に入り、現在は神代古代和字研究に専心し「書の霊智塾」を主宰。著書『新しい始まりのために　今！』『スベての命は元ひとつ』(以上、今日の話題社)など。

霊的な体験

――いままでにどんな霊的な不思議体験がありましたか？

宗庵　不思議体験は『だいじょうぶ！』でもかなりお話しましたが、難病から助かった後に四国八十八ヶ所を回っていた時、車のナビが使えなくなることが頻繁に起こりました。知らない神社に辿り着き、さらに奥まで行くと池があり、「ギャーーッ」というような奇妙な音がしたり、険しい山の中2体の白龍の導くままに、夜も遅くまで走らされたりしました。

1955年、愛媛県愛南町生まれ。
自衛官時代、血を吐きながら仕事をすることも頻繁にあった。
家族を愛し、国家の未来を憂いながら、ひたすら走り続けた41年間。右も左もわからずに1人で活働を始めた時、孤独だった。
これからも「内なる声」に従いながら、魂の挑戦は続いて行く。

また、彩雲が5つも6つも現れるような時もあり、それは「よくやった」という上からのサインのようです。

池田

僕の霊的体験の原点は学生時代に遡ります。目をつぶると最初は何の色も現れてこないんですけど、意識を集中していると自分の好きな色が現れるようになります。やがて、自分がエレベーターに乗ってスーッと上昇しているような感覚を味わえるようになるんです。また、誰かの声を聞きたいなと思うと、僕の意識とは関係なくその声が勝手に入って来るんです。しばらくして、どこかに行こうと思ったら、どこかのきれいな景色を下に眺めているんです。

ある時、とんでもないことを考えちゃ

いましてね、神様に会いたいと思ったんですよ。そうしたら、本当に神様が来るんです。光の中に小さな黒い影が現れて、「あ〜〜〜神様〜〜〜」と思った瞬間に、光が消えて黒い影でいっぱいになってしまいました。黒い影は要するに自分の波動が低かったことのあらわれだったんです。意識レベルが低いときに大それたことを考えちゃいけないんだと反省しましたね（笑）。

ある時、座禅しながら愛をイメージしていると、ヒマラヤのような山中を自分は飛んでいて、急峻な山々が現れるんです。山が押しつぶすように何度も目の前に迫って来て何度も死にそうになりながら、ある時、急にバーーンッ！と晴れた青空がいきなり現れて、太陽が燦燦と輝いている光景に出くわすんです。この時に感じたことは、愛というものは死ぬようなさまざまな困難を何度も乗り越えていった先にあるんだなということでした。

自衛官の現役時代、ずいぶんと山歩きをしましたけど、歩いている内に瞑想状態になっていき、樹木の中に昔の旧い道（古道）が見えて来るんです。何かメッセージで知らせてくれているんだなと感じました。樹木が僕に語ったことは、「自然との一体感がないとダメだよ」というメッセージだったんだと自分なりに捉えたんですね。その時、僕の歩いている場所は植林地で針葉樹林で、死んだ土地でした。昔ながらの広葉樹林の場所は、落ち葉が落ちて腐葉土ができてキノコが育って、ミミズやカエルやヘビも住むような生命力溢れる土地です。

山中で写真を撮るにしても、「私を撮って」という声が聞こえない限りは、いい写真は撮れないんです。これが山歩きの醍醐味です。

宗庵　お遍路さんでもそうなんですけど、〝遍路ころがし〟と言って、険しい高地を歩いていると、どこを歩いていても先の同じ景色が見えるんですよね。そうすると氣持ちが萎えて来るんです。自分が歩いているのか歩いていないのかがわからなくなってきますが、これが悟りの一歩手前の三昧の境地です。

愛南町で池田さんとお話ししていた時、どんなことがあっても守られている方だからこそ、これだけのことができるんだなと感じました。池田さんの後ろにはすごい霊格の存在が見えましたから。命を狙われてもおかしくないのに生きている人というのは、強力な守護がある人ですね。

池田　山歩きをしていると、滑落事故があります。ところが、滑落したのにたまたまリュックサックが木の枝に引っ掛かって、結果として助かったというようなケースがあるんです。その時には氣づかなくても、後でよく振り返ってみると何かの力で助けられていたということがわかるんです。

宗庵　多分、「魔の波動」を持つ邪悪な人は池田さんに近づこうとしても会えないと思います。僕らでもそうですけど、後になって上の計らいだったと氣づくことが頻繁にありますね。

池田　僕は霊能力で何かが見えたりはしないんですけど、船井先生がその霊能力を絶賛された光明君と初めて会った時、彼が僕をまじまじと見ながら、「池田さん、眩しいですね！」と言ったんです。僕は「俺の髪の毛は仕事中にサリンのせいでなくなってしまったから、こんなにキューピーさんみたいなツルツル頭になってしまったんだ」と(笑)。彼は守護神が見えたようなんです。

強力な守護神のサポートは1000人に1人

宗庵　間違いなく池田さんは上の存在とつながっていらっしゃいますよね。ここまでのレベルの方は本当に少ないですね。

池田　光明君によれば、誰でも普段から守護霊は付いているそうです。ただ、亡くなった家族とかが守護していて、この場合はそんなに力が強いわけではないんです。

　宗庵さんもそうですが、すごいことをされていらっしゃる方は後ろに守護神が付いています。だいたい1000人に1人の割合だそうです。守護神に守られる人は役割りがあって、それを遂行し続けている間はちゃんと守って下さいます。光明君が「その役割というのは、いまの世の中で当たり前になってしまっていることを変革させなければならないので、相当に苦しいことも多くて、その人がすり潰されてしまって途中で脱落してしまうケースが多いんです」と言っていました。その人が役割を放棄した時点で、それまで守っていた守護神はいなくなるそうです。

宗庵　使われる生き方とでも言いますかね。殺人犯でも守護霊は付いていますけれど、力を貸してはくれません。そういう類の「魔の波動」には絶対に力を貸さないですから。自分自身の中に覚悟と勇氣を持っていないと、守護霊も後押しはしてくれないですね。

池田　昔、千日回峰行[*1]で有名な大峰山を3回踏破したことがあります。山歩きするなら、観光的ではなく1日歩いていても人に会わないような所がいいです。

ある時、絶対に人が来ないような尾根をず～っと歩いていて道に迷ってしまい、役《えん》の行者《ぎょうじゃ》が住んでいたとされている場所に辿り着いたことがありました。あの土地は山岳信仰のメッカで、自然と人とが普通に一体化していたわけです。

昔の日本人は古ければ古いほど、神々と一体化して生活されていただろうし、本来は誰でもそのDNAは持っているはずなのに封印されているのが現在だと思います。その当時は神々と通じていたわけですから、人と人との会話も楽で嘘も見抜けてしまうような時代だったんでしょうね。いまは魂レベルの霊性がどんどんと下がって来ています。

＊1　千日回峰行　日本の霊山で1000日間かけて行われる、仏教・修験の巡拝行。歩く距離は4万キロメートルに達し、地球1周に匹敵する。

ロケット博士　糸川英夫さん

――過去にお会いになられた日本の偉人で、どなたが印象深かったですか？

池田　糸川英夫博士[＊1]は、一度だけお話を伺ったことがありまして感動した思い出があります。彼は日本の宇宙開発の父でロケット博士としても有名な方です。

2003年、日本の小惑星探査機「はやぶさ」が打ち上げられて3ヶ月後に、目的地である小惑星25143が糸川博士にちなんで「ITOKAWA(イトカワ)」と命名されました。「はやぶさ」は「イトカワ」到着後、表面の観測とサンプル採集を行い、7年後に「イトカワ」の試料を地球に持ち帰りました。これで太陽系が形成された時期の状態の解析が進められています。普通なら帰還できないのに、日本人の右脳的感覚の賜物だったと言ってもいいと思います。

日本の宇宙科学の扉が開いたのは糸川博士の活動が源になっています。彼のお話を聞いた時、てっきりロケットとか宇宙の話をされるものとばかり思っていたんですけど、実際は「自然との一体感」や「大和《やまと》の大切さ」についての内容でした。意外だったのは博士が「新聞は日付以外、真実が書かれていないよ」とおっしゃられたことで、世界中を回られて、日本の新聞がいかにマインドコントロールされているかを当時からすでにご存知だったわけです。

博士は戦前は戦闘機の設計士で、探索機「はやぶさ」と同じの名前の名機「隼《はやぶさ》」の設計もされました。「隼」は戦争末期に、少ない資材の悪環境にもかかわらず開発され、アメリカのB－29の爆撃が激しくなる中、急ピッチで完成に漕ぎつけた主力機でした。

戦後はロケット研究者として活躍されましたが、GHQの管理下ではロケット開発が禁止されていたので、博士は逆転の発想でペンシルロケットを作るんですね。1955年に公開試射が実施され、ペンシルロケットは長さ1・5メートルの発射台から水平に発射されました。この当時、日本にはまだレーダーによるロケットの追跡技術がなかったので、博士はロケットを打ち上げるのではなく水平に発射するという方法を思いつくんです。

6日間に及んだ29機の試射はすべて成功して、博士が「水平でも重力と空氣抵抗の影響は十分に調べられる」と言った通りに、ロケットの速度・加速度、ロケットの重心や尾翼の形状による飛翔経路のずれなど、本格的な飛翔実験に向けた貴重なデータを得ることができました。その後、このロケットが、ベビー型、カッパ型へと改良を重ね、現在活躍するM-V《ミューファイブ》ロケットへと進化していくんです。

＊1　糸川英夫　1912年～1999年。工学者。日本の宇宙開発・ロケット開発の父。戦前は中島飛行機で戦闘機の設計やジェットエンジンの開発などに携わる。1974年に著書『逆転の発想』（プレジデント社）がベストセラーになる。

世界のホンダ　本田宗一郎さん

宗庵　本田宗一郎さん[*1]は私の人生で最も影響を与えて下さった方の一人です。僕の父親が愛媛でバイクの販売店を経営していたので、本田さんはたまに訪ねて来られていましてね。彼はよく「根拠のない自信を持て。そして根拠のない自信を確信に変えろ。それはお前の思う氣持ち次第だ」とおっしゃっていました。

　いろいろなエピソードも話して下さいましたね。例えば、事故があってもマイナスではなくプラスに受け止めたり、絶対にできると思えばできるとか。ご本人は無神論者のようでも実は自分の中の神とつながっていたんじゃないかなと思います。

「何をするにも目標や志の薄い奴はダメだ。思い続けて行けば絶対にできるんだから、やれ!!」

1960年、愛媛県八幡浜市生まれ。
難病から九死に一生を得て、病院からの帰り道、オートバイを運転しながら、とめどもなく流れ続けた涙。生かされていることが、たまらなく嬉しかった。
「助けて下さった存在のために、自分の残りの人生を捧げたい！」
心に固く誓ったあの日を、決して忘れはしないだろう。

「俺は馬鹿みたいなことを真剣にやって来た。でも、馬鹿なことを一蹴するような連中は俺の周りには山ほどおった」

「世の中いつの時代でも大勢を占める側が真実のように思いがちだけど、実は少数の側に真実があることを頭に入れろ」

「信念を持ってことに臨めば、誰でも何でもできる」

ある時、本田さんが僕を見ながら、「お前、いい目をしているじゃないか。いいか、世の中に出たら嘘を言う多くの人よりも、たった一人でいいから本当のことを言う人を信じることだ。お前だったらわかるはずだ。その氣持ちがあれば、そういう出会いは必ずある」と言われたこともよく覚えています。

浜松の小さな町工場からオートバイの

メーカーとしてスタートした本田技研が、やがて自動車業界に参入する時、１台の市販車を数億円も開発費にかけて世に出したことや、排氣ガス規正法であるマスキー法を世界で初めてクリアしたことなど、その苦労話や通産省と闘った内輪話も聞かせて下さいました。

「俺は絶対、会社を息子や親族には譲らん」とも言われていて、本田さんが話されていた話の数々の根底には「潔さ」がテーマとしてあったと思います。「俺は絶対に信じた道はやり通す」と言って、ホンダの独創性は空冷エンジンにあるとの信念を抱き続けてきたにもかかわらず、副社長の藤沢さんの説得で最終的には空冷からすぐに撤退したのも、「潔さ」です。

「根拠のない自信」と「志を高く持て」の二つの言葉が、本田さんから学んだ大きな財産です。彼と話していたら一氣に引きこまれてしまいますね。その場の空氣が一瞬に変わります。

本田さんがドンチャン騒ぎをしていて、言うことを聞かない芸者さんを窓の外から放り投げて、電線の高圧線に引っ掛かったエピソードがあって、「女って怖いぞ～。放り投げたのに死なねえんだよな。お陰でずっと根まれたけどな」と述回されていたこともありました。

「面白く生きろよ。型破りもどんどんやれ。型にはまった奴は面白くねえ」

「義理人情を大事にしろよ。相手には必ず義理人情でお返しするもんだぞ」

と、べらんめえ調で話されるんです(笑)。

本田さんの手を見たら、関節はひん曲がってしまっていて、コブコブでした。僕が「なんでおじちゃんの手はそんなになってんの？」と聞いたら、彼は「物を作るのは片手だけじゃない。

こっちの受け手もトンカチで叩いて頑丈にしておくことも必要なんだぞ」と言われていました。

上からは「みんなが良くなるために私は渡しているから、誰一人とて苦しむことは良くない」と降ります。僕はこのことは常に上に確認します。中には僕を誹謗中傷するような人たちもいて、それを心配した人たちが教えてくれたりもすることがあります。でも、相手が嫌だと感じている感情は僕にはどうすることもできません。だったらその人を責めるのではなくて、その人に嫌だと思われないような自分になれるように、もっと自分の魂を磨いたらいいのかなと思うんです。相手ではなく自分に圧をかければいいだけのことです。

最近はこう申し上げられますけど、昔はなかなかそういう氣持ちにはなれませんでした。僕も料理人でしたから、人を蹴落としていくのが当たり前の世界です。人を痛めつけても平氣でした。それが違うとわかったのは、難病を経験してからで、それまでは神様なんていないと思っていました。難病の後、神様はいると確信できたんです。

ご相談に見える方々というのは苦しい状況に直面しているので、神も仏もいないからこんなに苦しいんだと愚痴をいう方が中にはたくさんいらっしゃいます。僕がいつも言うのは、「最後は神と仏しかないです」ということです。「いまは苦しくてもやがて笑い話になるから、いまのうちに先に笑っておきな」とよく言うんです。笑うと苦しみが短くてすむようになる。苦しいと思っているだけの人たちが、いまは多いような氣がしますね。

池田さんの本を読んだり話を聴いた人たちが、本当のことで怖いと言われる人がいるんですけど、真実を知れることは幸せだと思うんです。知ってどう生きるかはその人次第です。池田さんの本を読んで食の危険を知ったら、探せば他に安全な食材はありますから。

池田　ええ。幾らでもあります。ただ、宣伝している側はお金があるから宣伝できるのであって、聞いている側が単にその宣伝情報だけしかないと思いこんでいるだけです。いまはネットで簡単に探せますし、幾らでも見つかります。グリーンコンシューマーの先進国・ドイツでは、残留農薬のある野菜は売れません。国も消費者もそういう方向です。

日本でも無農薬野菜の農家さんはたくさんいらっしゃいますから、そこを探してそこから買っていきたいものだと思います。

＊1　本田宗一郎　1906〜1991年。実業家。技術者。本田技研工業の創業者。藤沢武夫氏と出会い同社を世界的な大企業、ホンダへ育て上げた。1989年にアジア人で初めてアメリカ合衆国の自動車殿堂入り。著書に『私の手が語る』（講談社）など。

日本の放射能汚染の現実

――3・11から6年目に入りましたが、日本の放射能汚染の現状をどうお考えですか？

池田　極めて厳しいと言わざるを得ません。最初に申し上げましたように、チェルノブイリ事故から25年後のベラルーシのゴメスには全体の2パーセントしか正常児が産まれない病院があるという現実があります。私が尊敬しているベランコフ元帥が以前に日本に来られて、真実を語って下さったことがありました。当時、ロシアは地上の石棺だけではなくて、軍人2万人を使って放射能を封じ込めるためのトンネルを地下に掘らせていて、その指揮官を務められた方です。掘った地下にホウ酸と鉛を敷き詰めてメルトスルーしないようにした上で、地上も石棺で覆ったわけです。その石棺でさえ30年経てば建て替えが必要になります。これを今後は24万年間もやり続けなければ安全にならないんです。放射能とはそれほどに危険な物です。果たして、このことをどれだけの日本人が理解しているのか。いずれにしても、石棺で封じ込められるまでのたった2週間の間に飛散しただけの放射能の被害だけで、ベラルーシのいまの状況になっている。チェルノブイリの現場に行くと１２８の村の墓標がありますが、政府は村ごとなくしたからです。その理由は人が入れないからです。これが現状であって世界の常識なんですよ。

問題は使用済み核燃料で、日本の場合、核燃料が全部、原子炉からメルトスルーして行き、どういう状況なのかも確認できていないままです。原発稼動中に使用していた燃料の重量だけでも１００トンが3基分で３００トンです。使用済み燃料はとにかく取り出してから水に漬けてプールに入れて、３～４年は冷やさないといけないんです。３～４年の冷却が経過したすべての燃料を、今度はさらに別のプールで10年間くらい冷やすんです。これらはどこにも持って行きようがない。それでも24万年間という氣が遠くなるような歳月を、定期的にケアしながら見守っていかないといけないわけです。

まず、溶け落ちてグジャグジャになっている燃料にとにかく水をかけ続けていますから、これが放射能水や放射能蒸氣になります。つまり放射能が相変わらずに大氣中に飛んでいて、それが風に乗って東京にも飛んで来るわけです。一番肝心なことは、人類はいまだかつて、こんな状況になった使用済み核燃料を処理したことがないということです。それなのに、安全だと嘘を言い続けている。なおかつ、水は空氣中で蒸発するし、海にも流れ込んでいる。アメリカ西海岸では実は頭が2頭の鯨が捕獲されています。そういうことも報道されません。東京は、日本は、どういう状況なのか。放射能を封じ込めて、いかに無毒化するかということに、国をあげてやる時なんですね。

3・11からもう6年目に突入しているのに、なぜやらないのか？

石油と同じようにウラン産業は一部の権力者の独占です。アメリカはスリーマイル島の原発事故で懲りていて、今後は新しい原子炉は作らないという政策です。そうすると、核兵器のミサイルの原材料である新しいプルトニウムを作っているのは日本の原発ということになる。結局、戦争はしないで核ミサイルさえ作っていれば、それだけで大儲けできる。日本はそこに利用され、だから原発を止められないという動きもあるわけです。日本人の大半はそんなことは知りませんし、知っていてもこの国はいまだに植民地で占領下に置かれているので、言えません。つまり、日本人のＤＮＡを破壊しながら、じわじわと末細りさせて行き、お金だけ巻き上げていこうという魂胆があります。

でも、これをプラスに転換できればどうでしょうか？　日本が原発を完全に止めますと宣言した途端に、世界の核兵器がなくなる可能性がある。そのように、日本民族にはガイア（地球）から任された使命があるんです。核分裂でエネルギーを賄うという考え方は、科学の誤った負の遺産です。もっと自然と一体化して融合したエネルギーがあるはずで、日本人が本格的にそこにシフトできれば、ひょっとしたら変えられるかも知れない。これが3・11のメッセージだったのかも知れませんね。

――日本の放射能汚染の現状をしっかりと認識できている日本人は、どれくらいだと思いますか？

池田　非常に少ないでしょうね。国産有機大豆農家くらい貴重かも知れません。国産有機大豆というのは「まつ毛の2本」と言われています。それくらいに貴重なんです。ひょっとしたら、放射能に対してしっかりと認識しているのは、その国産大豆農家レベルしかいないのかも知れませんね。

現在も心身を練磨し霊性を高めることにも余念がない。（左は10歳になる愛犬のハッピー）

――2015年の春から飯山一郎[*1]さんが放射性水蒸氣説を指摘されていましたがどう思いますか？

池田　それは十分にあり得ると思います。大震災以降、東北地方で心不全や脳梗塞などの突然死が急増しているという報告があることも氣に掛かりますね。個体なら新陳代謝の早い心臓や脳神経細胞が最初に影響を受けてしまいますし、他の臓器でも積み重なるとがんになります。

日本の基準は1ミリシーベルトで、福島では20ミリシーベルトまでなら学校に通ってもいいよということになっているわけです。そのレベルで子どもたちを遊ばせているわけですよ。昔の基準ですと、20ミリシーベルト以上の物は破棄していたのにですね。さらに、基準を50ミリシーベルトまで上げようとしていて、そこには入っても住んでもいいことになるんです。これはどう見ても殺人罪です。それなのに何とも思わされないようにされています。

＊1 飯山一郎 1946年～。発明家。乳酸菌の大量培養器、グルンバ・エンジンの開発者。スーパーブロガーとして知られ、ブログへの累計アクセス数は1億を突破。著書に『飯山一郎の世界の読み方・身の守り方』（ナチュラルスピリット）など。

日常生活での放射能対策

――対放射能対策として日常生活ではどんな工夫をされていますか？

池田　水、空氣、食べ物からは努めて身体には取り込まないようにしています。外は常に空氣が流れているから、そんなには取り込みません。口養生をしておけば本来のビタミン、必須アミノ酸、必須ミネラル、ファイトケミカルなどで排除する力が備わります。この自然治癒力を高めてあげればいいと思います。ただ、家の中にいる場合、寝ている時が空氣が澱んでいて一番危ないんです。戦後、日本の家屋はプラスチックの家が主流を占めるようになっていて、化学物質が漂って来ます。上は澄んでも下には漂うわけです。朝方に咳をする人が多いというのも、そこに原因があります。我が家ではそれを防ぐために、病院の精密手術室と同じレベルの空氣清浄機を使っています。浄水器も使用していますが、どちらも10数万円でそんなに高くはありませんし、本物です。女房にはビタミンやミネラルをなるべく損なわないような、安全で本物の健康的な料理を作ってもらいます。

宗庵　電磁波も氣をつけないといけませんね。マイクロ波が多くの健康問題を引き起こしますからね。

池田　はい。僕は増川いづみ先生[*1]の開発された電磁波防護製品を使っていて、一般家電用なら半径3メートルが有効範囲です。巷には「○○○先生御用達」という謳い文句の製品はたくさん出回っていますが、超低周波に関しては鉛でないと遮断できないんです。シールを貼れば安全だというような商品も、超低周波に関しては効かないですね。「先生御用達」というように名前を借用して販売すれば先生へのお礼だけで済むので、経費も安く収まる。真面目に検証開発研究をするとものすごくお金がかかります。

増川先生はこの検証に2年間で17億円もかけているんです。増川先生が良心的なのは、これの使用期間は2年間と正直に公表していることです。その理由は、検証するために施設を使える期限が2年間と限られていたからです。僕は実際には5年もこれを使っていますけれど、効果はいまだに継続しているので全く問題ないですし、Ｏ－リングテストをやれば本物であることがすぐにわかります。世界のレベルではそこまでやっているわけで、空氣清浄機でも浄水器でもそれは同じことです。

宗庵　僕も池田さんと同じです。上はそうするようにと伝えて来ています。自己防衛ですからね。

池田　我が家では増川先生が開発された広域用の電磁波防護製品をも使っています。それでも大きさは高さが9・4センチメートルで直径が14センチメートルなので、テーブルに置けて持ち運びも簡単です。これは直径75メートルまでが有効範囲で使用期限は10年です。交流電氣を使うと必ず超低周波障害が起こります。マンションの部屋の中だけの問題でなく、屋上に携帯電話の基地局のアンテナも設置しました。マンションの屋上にアンテナも建てると管理組合に年間数十万円の収入が入りますから(笑)。このようにして我が家では電磁波も空氣も水もお風呂もクリーンにしています。ここまでやってみてよくわかったことがあります。愛媛の悠人から連絡がありまして、風呂の浄水器を送って欲しいと言うんです。生まれてから塩素を除去したきれいな水で育ってきて身体が繊細ですから、塩素には敏感に反応したわけです。田舎だから水がきれいかと思うんですけど、水道水なので法律により消毒のために塩素が多量に使用されていたんです。もっとも、その人の心掛けでいくらでも自己防護は可能です。お子さんのＤＮＡが損傷されないためにも、お母さんが智慧を絞って欲しいし、それは決して難しいことではありません。必ず探せば情報はあります。ただし、テレビや新聞の情報だけだと利益優先で不健康な物に偏りますから、そちらの情報は遮断することです。

宗庵　マスコミ情報はほとんどが信頼できないです。たとえば、保険会社の社屋があんなに巨大なのは、宣伝費にものすごくお金をかけている証拠です。本物はなかなかわからないです。世の中には、宣伝されているものをすごいと思う傾向がありますが、これは刷り込みです。

＊1　増川いづみ　米国のミシガン州立大学にて栄養学及び電子工学の博士号、マサチューセッツ工科大学にて量子力学の修士号を取得。音の可能性に着目し、宇宙と人間とのつながりを探求している。著書に『いのちの調律』（きれい・ねっと）など。

少しでもいいから勉強をする

池田　大事なことは、放射能でも子宮頸がんワクチンでも電磁波でもそうなんですが、その話を聞いた時、少しだけ勉強することです。あとは自分のセンサーがありますから、ネットで調べたり、しっかりと書かれた本を読むことです。そうすると、たとえば、中性子でも放射能でも普通は最終的に水で止められるのに、超低周波だけは鉛でしか止められないということがわかる。つまり、鉛は違うということが大事な知識となるんです。これで一つ、とても貴重な情報を得たということじゃないですか。波というのは超低周波域より上のγ線までかなりの領域が水で止められます。海が真っ暗になるのも可視光線の周波数を止めているからです。でも、超低周波は水では止められないので、原子力潜水艦と会話するための手段として活用できるわけです。スペースシャトルは、日本の上空で超低周波による資源探査を行った結果、地下の情報も全部、透過（物体の内部を通り抜けること）したということなんです。その結果、日本には最も金があることが判明したわけですね。残念ながら国立公園の中でしたけれど（笑）。このように最初は少しだけ調べたものが、どんどんと深く追求していくことでいろいろなことがわかり始めます。そうすると、シールを貼るだけで電磁波対策できるという商品がおかしいということに氣がつくようになるんですね。その手の商品はまがい物で、検証がされていないんです。

宗庵　価格が高くてスグレモノというような謳い文句の商品には、実際には違う場合が多いです。高いから高品質とは限りません。中身が本物であることが先で価格は二の次です。でも、これだけ商品情報が氾濫していると、なかなか本物がわからないですね。

池田　お金儲け第一主義のメーカーにとって最も楽なことは、検証研究開発の替わりにＣＭを放映して、その道の専門家の先生に謝礼を渡すことです。それが最も安上がりです。
　僕が一番ショックなのはテレビの料理番組です。料理の大家が電子レンジで「チ〜ン！」している光景です。電子レンジはマイクロ波ですから、振動で食べ物を壊して熱を出しているわけです。壊した物を食べているんだから病氣になるのは当たり前じゃないですか。料理の大家が自宅でそんなことをしているはずがないんです(笑)。でも、有名な先生だから、視聴者は真に受けてしまうんです。

宗庵　影響力ある人の多くがお金になびいてしまいます。僕のところにもその手のお誘いがたくさん来ます。商品に推薦の言葉が欲しいと言われるのですが、上に確認してお断りしますね。

日本が被曝したことの意味するもの

――「偶然はなくてすべてが必然である」と言われますが、日本が広島、長崎、福島で被曝した意味をどうお考えですか？

池田　先程も申し上げましたが、ニュートンからアインシュタインへと続いて来ている現代の地球文明が、宇宙の摂理からはちょっとずれていると思います。

最終的なエネルギーを取るために、それまでの水素からヘリウムへと融合して順番に宇宙が進化していた流れを切断してしまったわけです。無理矢理に人間が壊してエネルギーを取るようにしたのが原子力です。それまでは宇宙の中で原子で一番重いのがウラン２３８だったのに、ウラン２３９のプルトニウムを作ってしまった。これは宇宙で最悪の物です。人間の細胞の一つががんになったら他の細胞もどんどんとがん化するように、地球ががん化すれば宇宙もダメになるように、すべてはつながっていると思うんです。

現代文明の鬼子が人口放射能なんですよ。その鬼子をなくすために地球（ガイア）が日本に出したメッセージが、広島・長崎・福島と続く放射能被曝なのかも知れません。ガイアは人間を通してやっているわけですから。原曝は、人間の体験であり、ガイアの体験であり、宇宙の大神様の体験かも知れないわけです。その体験を通じて、「これはダメだよ。方向が間違っているよ」と言うことを、最も国家的に文明が残っている日本にメッセージとして出している。

他の国ではできないですよ。アングロサクソンの「我良し」の競争の世界で、金儲けのエゴ丸出しの世界で生きている彼らには、霊的なことを理解することは無理です。

百匹目の猿現象じゃないですけど、有意の民族として最筆頭である日本民族にリーダーとして世界に見本を示してもらう。西欧人たちが、江戸時代の日本を見て「こんな国があるのか！」と驚愕したんですから。
その意味でも、ひょっとしたら日本人には役割があるんじゃないでしょうか。確かに3次元的には厳しいですが、それも「変わりなさいよ！」と言うメッセージじゃないんでしょうか。

宗庵　氣づくまで起こされ続けますよね。ただ、上の存在は優しいから、罰を与えるのでなく、氣づきを与えてくれます。

池田　成長のためですから、氣づくためには必要なことなんです。

宗庵　地球も生命体です。過去に何度も人間が地球を傷めるので、その度に地球は濡れた犬がブルブルッと水を払うようにやったらしくて、いわゆるポールシフトですね。
シベリアの凍土の中から見つかったマンモスの胃袋から、たんぽぽが発見されましたが、暖かい場所に棲息していたマンモスが何かの力で瞬間的に移動させられたとすれば、磁極が一氣に動いたとしか考えられません。
でも、同じ過ちを繰り返すようなら、これが最後のようです。地球が本氣で怒ったら人間はひとたまりもありません。上からはよく「大和の匠」と降ります。

日本にタブーが多い理由

――放射能問題も含めて、日本にはタブーが多い理由はなぜでしょうか？

池田　日本の放射能についての報道は相変わらず非常にずさんで、γ線のことしか取り上げない。たとえば、一番質量の重いプルトニウムならば、α線、β線、最後にγ線を出してから安定した鉛になります。セシウム１３２も30年間の内のほとんどはβ線を出して、最後にγ線を出してから安全なバリウムに変わるんです。自然のウランは鉛になるのに約40億年もかかります。プルトニウムは人間が人工的に作った鬼子ですが、彼らなりに早く安定した鉛になってくれている。よく問題になるセシウム１３７は、β線を30年出したら瞬間的にγ線を放出して、安定したバリウムになります。

３・11から6年目に突入したということは、セシウム１３７の汚染状況を正しく調べるにはβ線を計測しなければなりません。ところが、日本では地上1メートル付近のγ線しか問題にしていない。東京でいまだにγ線が高いと言うことは、セシウム１３７やプルトニウム以外で早期にγ線を出す３００種の人工放射性物資の何かが常に新しく生まれているということになります。

真実であっても、公に言ってはならないタブーは確かに多いですよね。交流を使うことによる超低周波の電磁波問題しかり、放射線のα線やβ線による内部被曝問題しかりです。

これらが明らかになると、リニアモーターカーも原発も国民からそっぽを向かれてしまいます。それらから利益を得る者たちが不都合な真実を隠し、圧倒的な資金力でメディアを支配して国民をマインドコントロールしています。

——先程、わずか2パーセントしか正常児が産まれない病院がベラルーシにあるというお話がありました。日本で異常児が確認されても、原因不明で片付けられてしまいます。

宗庵　愛南町で池田さんの放射能に関するお話を聞いた時、上からは「その話を世に出せ」と出ました。僕は専門的なことはあまり詳しくありませんけど、池田さんの説明で現実を知った読者の中から、もっと多くの目醒める人たちが出て来るんです。

池田　ウクライナにはアカデミーがあっても日本には残念ながらないんです。普通はアカデミーが大学なども指導して、国家が万が一の時には、施策の基本を作るんです。日本だったら天皇陛下の元にアカデミーがなければいけないんですけどね。3・11の直後、ウクライナアカデミーがα線、γ線、β線までを測れる計測器をわざわざ持って来てくれたんです。1台が

3000万円もする代物です。ところが日本政府は受け取り拒否をしたんです。もしその計測器で日本人を測ったら、α線もβ線も検出されるのは間違いないので、計測器を受け取らないことで何もなかったかのようにうやむやにしてしまったわけです。でも、日本人がすごいなと感心したのは、こまめにずっと放射能を計測されている方がいらっしゃるんですね。

ところで、埃の状態の放射能は水蒸氣そのものの放射能よりもたくさんの量の放射能があることになります。それが直接肺に入って来ると厄介です。食べ物に含まれている放射能の場合は胃から消化器官へ流れ出ていきますけど、肺に入ってしまったら出ません。α線が肺に入ってしまうと、端的に言うならばプルトニウムレベルですから半減期が2万4000年です。β線でもセシウムなら半減期は30年間です。

人間の細胞と言うのは4つの塩基が10エレクトロンボルト（eV）の電磁力でつながっています。仮にγ線が飛んで来れば20万エレクトロンボルトの力で細胞が損傷はされますが、人間は少々の電磁波なら修復能力も持っています。瞬間に通過するため、普段から必須アミノ酸などを摂取して栄養状態を良くしていれば、やがて自然修復力で治ります。でも、α線はヘリウム核という物体で550万エレクトロンボルトあり、β線も電子で65万エレクトロンボルトあるので、たったの10エレクトロンボルトの細胞に6万5000倍から55万倍もの放射線がぶつかるから、一氣に粉々に破壊されてしまうわけです。α線が体内に長期期間留まって行う破壊行為に関しては、人類は原爆体験以降の僅か70年の体験しかありません。細胞は

1～2ヶ月でリサイクルしますけど、ＤＮＡが損傷してしまうと次の細胞ができなくなってしまいます。その積み重ねが大きくなって行くとがんになるんです。その影響として一番早く症状として現れるのが心不全です。最近、突然死が多いというのも原因はそこにあります。

宗庵　上からは「流れた物が乾いて上がる時が来る」と出ています。まさしく、池田さんが先程おっしゃられた埃のことなんですね。

池田　昔は地球がまだ酸素ではなくてメタンに覆われていた時に、光合成をやってくれたのが微生物です。本来は、３・11の後に微生物を空中散布するくらいのことはしなければいけなかったんですよ。

プラズマ・テクノロジー

宗庵　その反対にケム・トレイル（航空機が化学物質などを空中噴霧するときに生ずる航跡）を撒き散らして、ワクチンと相乗でやっています。放射能という人間が扱えないどうしようもない物を作って、それを扱っている。それを消すのがプラズマだと上から出ます。

池田　3・11の時、実はUFOがプラズマでかなりの量の放射能を落としてくれていたんです。仮にあれだけの使用済み核燃料が陸に落ちていたら、その場所には事故の処理をできる人さえもいられなくなり、さらにメルトスルーともなれば、地球には人が住めなくなるような絶体絶命の状況でした。その時、UFOがかなりの使用済み核燃料を海に落としてくれた。残念ながら太平洋は汚染されても、結局、ガイアの力を借りながら海に頼るしかないんです。そうでもしないと、地上の人たちがとんでもないことになってしまいますから。

日本には何人もの素晴らしいプラズマの天才的な研究者がいらっしゃいます。本当なら、アカデミーを設置して、そういう研究者を結集して対処しなければならないのにできない。微生物を散布するようなレベルでさえも排除されるのが現実です。その理由は、日本人のお金儲けの我欲もあります。

ピラミッドの頂点に君臨している権力者たちにしてみたら、「やれやれ。まったく日本人は愚かな馬鹿者だ。勝手に我欲に振り回されて、我々の企図した通りに3世代でじわじわと人口が減少しながら、お金だけは我々の元に入って来る。全部を取り上げられた時には、みんな死に絶えていることにさえも氣がつかないだろう。わかるわけがあるまい。ま、それが我々の目的だがな」とニッコリとほくそ笑んでいるんです。

宗庵　声を大にして伝えれば、わかる人はわかりますね。先日、安藤妍雪先生を訪ねた時に、夜空が何度もフラッシュで光る現象が約20分間くらい起きました。それがプラズマです。安藤先生は、「彼らは位山（岐阜県）にもしょっちゅう来ているわよ」とおっしゃっていました。大変な事態が起きてどうしようもなくなったら、ちょっとした小高い山に上がるといいです。本当は彼らを来させないことに越したことはないですけどね。
　上からは「すごいのをただのものにして、ただのものをそれなりの魂に上げる」と降ります。隠れたものが多分、いっぱい出て来ると思います。いままですごいと言われていた人たちが暴かれたり消されたりするんでしょうね。上はその炙り出しをするんですね。

池田　プラズマについてですが、僕が現役時代に聞かされて「なるほどな」と思った興味深い話があるんです。ただ、それが真実か否かはわかりません。米ソ冷戦時代で対立が激しかった頃、大陸間弾道弾（ＩＣＢＭ）開発の実験過程で、月（宇宙）に向けて弾道弾を発射したらしいんです。地球の熱圏を越えたら５次元の愛の世界だから、エゴの塊の弾道弾が行けるような次元の世界ではないんですが、その時、ＵＦＯが飛来して光線を放射して弾道弾は落下したらしいです。実験が失敗したので原因究明のために大西洋上から残骸を引き上げたところ、米軍がそれを見て驚いたことは、先頭の核弾頭のプルトニウムが鉛になっていた、という話です。
　プルトニウムが鉛になるには放射線崩壊でα線～β線～γ線を出しながら24万年かかりま

すが、自然のウランなら40〜50億年もかかります。これはすごいことで、人工的に作られたプルトニウムは自分が自然の産物ではないことがわかっているので一生懸命はやく自然のものに変わってくれるのです。セシウムに至っては、たったの30年でやってくれるわけです。だから、人工的な放射線は自然のものと異なって、特にα線とβ線の内部被曝が人体にすごい影響があるんです。それを、UFOに乗っていたであろうETたちはプラズマ光線で瞬間にプルトニウムを鉛に変えてくれたわけです。

プラズマ研究者に関して僕がよく存じ上げている方は五井野正博士です。でも、日本政府は彼を絶対に使わないですね。彼を使えば、いまの日本を動かしている闇の連中のとんでもない嘘がばれてしまいますから。五井野正さんは、1971年に日本を離れて北欧に渡り、ストックホルム大学でスウェーデン語を学びます。当時、彼が路上でギターを弾く姿が有名になって、ムーミンに登場するスナフキンのモデルは五井野さんなんですよ。海外ではあれだけ有名なのに、国内では完全に封じ込められていますね。

宗庵　『水からの伝言』（波動教育社）の江本勝[*1]さんもドイツからの逆輸入ですよね。彼は海外では大変に有名なVIPなのに、日本ではトンデモ扱いされて叩かれて封印されて来ました。

極真空手の大山倍達[*2]さんが提唱された直接打撃制の空手も、当時の寸止め主流の空手界からは「喧嘩空手」と異端児扱いされて、やはり外国からの逆輸入でした。立ち技系格闘技でブームになったＫ－１にしても、創始者の石井和義さんは元極真空手のケンカ十段の芦原英幸さんの弟子だったので、元を辿ると大山倍達さんに行き着くんです。

他にもマクロビ、霊氣（レイキ）、和食などもそうなんですが、海外で評価されてから本家の日本人が改めて氣づくようなケースがとても多いですね。霊氣はイギリスでは保険が適用されますからね。

池田　そういう天才の方々は、日本のさまざまな分野にたくさんいらっしゃると思います。彼らが本当に表に出られて活躍できるようになれば、まさに弥勒の世になると思います。

宗庵　僕らの知り合いにも、そういう天才肌の方が何人かいます。でも、国のお金でガッチリと固められてしまっていて表に出られないようにされています。彼らが本当に有意の人であれば、時期が来たらお金も何もかも捨てて行動を起してくれるとは思うんですけどね。よっぽどの覚悟か、僕みたいに一度は死にかけたことで備わった潔さをお持ちであるかどうかですね。

＊１　江本勝　１９４３～２０１４年。ＩＨＭ代表取締役などを務めた。著書は40点近くを数え、１９９９年の『水からの伝言』（波動教育社）は海外でも翻訳出版され、２００４年にはニューヨーク・タイムズのベストセラーリストに17週連続ランクインした。

＊２　大山倍達　１９２３～１９９４年。空手家。国際空手道連盟極真会館の創設者。フルコンタクトスタイルとして世界最大の空手団体を確立。梶原一騎氏の劇画『空手バカ一代』（講談社）、川内康範氏の『月光仮面』のモデルとされる。

植民地・日本

――いまだに福島の放射能状況が酷いままの日本は、まともな国家と言えますか？

池田　いまだに植民地国家です。でも、戦後はそれを自分たちで良しとしてきました。米軍の治外法権下の駐留ですから、これは占領以外の何ものでもありません。普通だったら独立を回復した時点で治外法権を削らなければいけないんです。日本の法律下における駐留が普通なのに、そうではなくて治外法権下での駐留ですから。そういう条件の元であっても、日本はお金儲けだけでいいよという道を、ある意味では選択したわけです。それが自分たちで選んだ幸せならそれでもいいのかも知れません。でも、本当にそれが正しい選択なのか？　すべての価値をお金で判断するような国家や民族はやがて滅びるとも言われています。いまや人口も削減されて抹消されて破壊され続けているんです。

ピラミッドの頂点の権力者たちの意図があることに氣がついた時点で、一人ひとりが変わらないといけないと思います。いまの政府の方々は残念ながら植民地の代官と言えます。アメリカというやんちゃなカウボーイが勝手に日本に来て、彼らにみかじめ料をあげていた構図がもう通用しなくなっているのがいまの日本の現状です。あらゆる食品に含まれている添加物、農薬、水道水に含まれる塩素や数万種の化学物質、ハミガキ粉や調理器具に含まれるフッ素、電磁波、子宮頸がんワクチンなどの現状から、本当はそこで日本人が氣がつかなかればダメなんです。百歩譲っても、いくら何でも放射能ならすぐに氣づかないといけない。チェルノブイリの前例が30年前にあるんですし、ベラルーシの例でもわかるように5年目を過ぎた頃から人口が激減して行きながら、三代先には人口がゼロになる可能性がとても高いことはわかっているわけです。だからこそ、悠長なことなど言っていられないんですよ。ただ、これも「もういい加減に氣づいて変わりなさいよ」と言う神の意図かも知れませんけどね。

宗庵　なるほど。そうですね、上の計らいかもわからないですよね。ところで、宗教もある種のマインドコントロールのツールなんですね。

池田　日本で誰もが知っているある宗教を背後から操っているのもＣＩＡ（米国中央情報局）で、宗教も日本を統治するために都合よく使われているそうです。その組織のトップはすでに亡くなっているという説もありますよね。

宗庵　やっぱりおかしいですよね。みんな氣づかないで麻痺しています。葉室頼昭さん（春日大社の前宮司）が生前、神事の大祓祝詞はリズムだと言われていました。祝詞は読み上げるのではな

手持ち金が240円しかなかった、どん底からの再出発。いま、源龍には全国各地から人々が集い会う。

くて、リズムの中に入ればそこは宇宙の波動の世界だから、そこの領域では神道だろうが仏教だろうが何だろうが、すべて元は一つになるんだと。その使い方が大切なのであって、その宗教のトップの人のようにエゴが入ってしまうとダメですね。

池田　仏教会にしても神社界にしても、ある意味では生業です。彼らも家族を養っていかないとならないので、利益を出すことを考え始めると本来とは違う方向に向かってしまうんです。心を祓うことは自分でできるのにもかかわらず、わざわざ祝詞を上げてもらわないと祓えないというシステムにしてしまうなら、いまの医療ビジネスと変わらなくなってしまいます。病氣は自然治癒力で治るものなのに、薬で症状だけを消して何度も通院させる構図と同じです。

ところで、宗庵さんも何度も死にかけて、すごい体験をされていらっしゃいますね。

宗庵　なんでこんな人生を送るのかと考えたことも何度もありました。でも、このような形で本を出版させていただく流れとなり、今回も対談本が出せるんですね。これが今生での使命だったのかも知れません。料理長をしていた時でも、収入は安定していて生活に不自由はなかったのに、いま一つ、どうも満足感が感じられない自分がいましたね。

池田　死ぬような体験をされたのは料理人時代のことだったんですね。その体験された前と後では、作る料理に何かの変化はありましたか？

宗庵　周囲から変わったと言われましたけど、僕はあまり変化はなかったような氣がします。ただ、三津浜商店街に源龍を開店してからですが、店に食べに来られた方のヘルニアやむち打ち症などが良くなったりする現象が起き始めたんです。『だいじょうぶ！』に載せましたように、不動産を探していたら、上から「ミツスミヨシ」と出て「ここに人の集まる所を構えろ」と出ました。開店当初は居酒屋的な乗りでいろいろな人たちが来られていましたが、上からは「霊性が高まっている女性たちが来るような店にしてみたらどうだ」と出ます。僕は上から出る通りに動くだけですし、何かの霊的な修行はしたこともありません。

西欧人にとって邪魔な日本人

――戦後70年を経過して、日本がここまで凋落してしまった原因は何でしょうか？

宗庵　GHQじゃないですかね。「スクリーン、スポーツ、セックス」の3Sでガタガタにされてしまいました。上からは、「塩、家族制度（核家族化）、武士道、日本語」などと出ますね。

池田　彼らは日本民族にほとほと参ったと思ったに違いないんです。西欧の植民地化の時代、スペイン軍よりも武士の方が強かったわけです。武士たちが町民や農民を守っていたから、世界で最も幸せな農民は日本の農民であるとフランシスコ・ザビエルがすでに戦国時代に言っていたんです。江戸時代は幕府が政権を取ってしっかりとした国づくりを行っていたので、外国勢力は簡単に手を出せなかった。まさに黄金の国ジパングです。その後、明治維新でなんとか手をつけられるようになった頃、当時、世界の宗主国で7つの海を制したイングランドは簡単に軍事力で日本も制圧できると思ったわけです。

ところが、１９４２年のシンガポールの戦いでは、開戦してわずか2日目にして、日本海軍の飛行機がシンガポールのイギリス艦隊、プリンス・オブ・ウェールズを4時間で沈めてしまったんです。４００年近くも世界を牛耳ってきた大英帝国の強さの象徴である戦艦が、たったの4時間で撃沈されてしまった(笑)。それが引き金となってインドも東南アジアも後に独立していけたわけです。そして地上から植民地主義を一掃し、民族平等を実現させてしまった。だから、西欧列強の連中にしてみると、日本人がやっかいで仕方がないんですよ。

明治天皇が亡くなられた時の大喪の礼に参列したのは世界から20ヶ国でした。当時は国家の数がとても少なかったんですね。どこも欧米の植民地でしたから、植民地から独立を勝ち取って行った頃、アジア諸国の人々は日本にとても感謝していたんです。日本が第二次大戦で負けたので、戦後はそれを機に日本を抹消してしまおうと西欧は考えたに違いないと僕は思います。単なる利用を超えて、民族殲滅です。そのために戦後は日本社会のあらゆるところ、医療や保健所や家族制度やメディアや教育や食料品などに民族劣化の仕掛けをして来て、原発を54基も建設したこともその一環の可能性がとても高いと思います。日本は年間でマグニチュード5以上の地震が１２２回以上も発生するのだから、原発は時限爆弾と同じです。残念ですけどそういう状況にされてしまっています。

宗庵　先日も地震学者が「いままでの統計からは予想できない地震が来る」と言っていました。

江戸時代を再現しつつある、ドイツとロシア

——ドイツをもっと深く知ることは、日本人には必要だと思うのですが。

池田　ええ。ドイツ人は一人ひとりが目醒めたんです。目醒めた根本の理由は、ドイツは哲学の国だからです。僕は現役時代、あるプロジェクトでドイツに研修で行ったことがありました。それまではアメリカ＝西洋だと思っていたのに、ドイツを実際に目で見て本当の西洋がヨーロッパにはあることを認識しました。

アメリカ人の場合、お金を幾ら達成するかというような目標や目的から議論が始まりますが、ドイツ人は、説明がフィロソフィー（哲学）から始まるんです。何年も哲学論争を続けてそれが終わって方向が決まると、それからの行動が速いんです。彼らもかつての日本人と同じように職人国家ですから、実現に必要なヒトもモノもカネもすべて集めて実現させてしまうんです。哲学がベースにあるので国民が賢くなっています。そういう中で、自然の摂理や

一体感などを学んでいますし、根本的には人間にとって安全と証明された物以外は売ってはならないという哲学がある。日本の場合、危険と証明されない限りは何を売っても許されますし、その基準はすべて政府官公庁が決めますからね。ある意味で、ドイツは日本の江戸時代を再現しているということなんです。最近のロシアもそういう傾向があります。19世紀のパリにしても18世紀の江戸を真似て作ったのであって、凱旋門の位置が東京の日本橋にあたります。日本橋は東海道、中山道など五街道の起点で４００年以上の歴史があります。

このように江戸時代の日本は自然との一体感を世界に先駆けて体現していた見本であったわけですよ。当時、世界に冠たる共生都市を実現していて、西洋人が驚愕せざるを得なかったのが日本人だったから、ある意味で目の上のたんこぶでありやっかいで邪魔だったに違いない。彼らとしては許せなかったんでしょう。いまの日本人は、わからないように長い年数をかけられながら、じわじわとヒタヒタとゆっくりゆっくりと潰され続けているのに（笑）、そんなことは知る由もないのが圧倒的多数の日本人なんですよ。悲しいですね。

宗庵　松山市が水道事業を民間委託していますが、そこにはある政治家が絡んでいるという情報も耳に入って来ています。水は一例ですが、自然に関わる物をも牛耳る動きがいよいよ出始めて来たと思います。ビル・ゲイツさんが水源の上に軽井沢の別荘を購入して、大元の一番良い水の水利権を手に入れたとも言われています。

ハイジャックされてしまった日本

池田　昔、日米共同訓練を新潟上越の演習場でやった時のことです。演習場の臨時キャンプに住むアメリカ人は、当然、日本の水や電氣も引いて使うわけです。僕はその時の調整をやっていたので、日本の水道水は世界一安全だと彼らに言ったところ、「ノー！　ポイズン！　オーマイゴッド！（違うよ！毒じゃないか！）」という答えが返って来ました。その〝ポイズン〟とは塩素のことですけど、元をただせばマッカーサーが入れたんじゃないですか！「オーマイゴッド！」はこっちが言いたいセリフです。いずれにせよ、4億円近い経費をかけて逆浸透膜という装置で塩素を無毒化しているのが現状です。日本国内の米軍基地はすべてそのようにして水道水を使っているはずです。ホメオパシーは毒を排出することで五大療法として世界的にも大変に有名なのに、日本ではまやかしとして叩かれたりもしています。潰そうとしているのが製薬業界で、その総元締めはロックフェラー家です。その上にはロスチャイルド家があり、さらにイギリス王家があって……、彼らの主治医がホメオパシーの先生なんですよ！　これ、お笑いですよね。彼らは自分たちでは良いものを使いながら、自分たちが作っているものを大衆に与えて使わせることで不健康にさせている。そして、本当に良いものは潰す。これを最もやられている国は日本じゃないでしょうか。とにかく、考えられないように仕向けられていますよね。これでは、人間ではなくてロボットです。
昔から日本社会では、お上（役人）の言うことは正しかったんです。なぜなら、お上の中心にはスメラミコト（天皇）がいらっしゃったからです（イギリスは事情が異なります）。日本人の場合、縄文時代やムーの時代から延々とＤＮＡに刻み込まれて来て、それがいまも続いています。お上と新聞とテレビの言うことは正しいと思っている人が相変わらずに多いですから、そこの意識は変えないといけません。知らない内に取り返しがつかないようになってしまいます。いまの日本は昔の日本ではなく完璧にハイジャックされてしまっていますし、昔のお上といまのお上はまったくの別者です。そして、それは明治維新を境として始まっているんです。

老人の重要な役割

――昔の日本社会は、いまみたいに殺伐としてはいなかったように思うのですが。

宗庵　僕らの子どもの頃は、家に鍵をかける習慣はありませんでした。何かをいただいたらおすそ分けをしたものです。最近はそういうことがないような氣がします。

池田　僕の田舎でも、団子やおはぎを作ると必ず隣近所には配ったものですよ。寒い冬、学校の登下校の時になると、近所のおじいちゃんたちが枯葉を集めて焚き火をしてくれて、和氣愛愛としていたものです。そういうご老人方が社会生活の中で潤滑油となって、御祭りの時には中心になってくれて、家庭の中でも敬われ、孫の面倒を見てくれたりしていました。孫にとっては両親よりもおじいちゃんやおばあちゃんと一緒にいる方が楽しいんですね。無私の愛で接してくれるからです。親になると少しばかり我が入ってしまう。子どもが幼い頃から無私の愛を一番体験できるのは、同じ家庭で生活しているおじいちゃんやおばあちゃんの存在です。ところが、そのおじいちゃんやおばあちゃんもいつかは死んでいくのであって、人間が死ぬ姿やお葬式の姿、死者を送る姿などをすべて体験してしまう。これが大切です。昔は老衰での自然死で自宅で死ぬことが普通でしたから。いまはそういうものがなくなってしまって、全部が商売になっています。命の誕生や死、人と人との接し方などもなくなってしまいました。人間が成長するための体験というのは世代を超えた一つの接触であり、老人の存在はそれらを学ぶ格好の教科書だったと言えます。じいちゃんばあちゃんのいろいろな昔話を聞くことで、伝統や歴史も学ぶことができた。いまはそれが全部排除されて、ゲームだけで終わってしまい、人間的なつながりや体験が乏しくなって肝心の大切な感性が育たない。これはものすごく大きな問題です。それが老人の孤独死になるんです。収入がなくなっても、まともな国ならば十分に生活できるだけの年金で老人を養わなければいけないんですよ。でも、そういう弱者の部分が削られるじゃないですか。だから、孤独死するのは当たり前です。いまは年金だけで食べていけません。でも家族が一緒なら互いに助け合うことができるから、そういうことは防げるんです。

宗庵　ご老人をないがしろに扱っていますね。ネイティブアメリカンでもアボリジニーでも、先祖や先輩をとても敬います。そういう代々のつながりを大事に継承しているのは、彼らだけしか残っていないんじゃないでしょうか。彼らは口から口へと伝承していますし、いかに世の中が変わろうとも、それをずっと守っています。

池田　昔は、村の長老たちが人間教育をするというような雰囲氣や習慣も残っていたと思います。そういうつながりがなくなってしまった。

宗庵　上からはよく、「頼まれごとやもらい物が多くなったら幸せになるぞ」と出ます。自分から他人にしてあげない限り、相手はしてくれないですね。

池田　結局、人間すべてが老人になって死んでいくんです。いつかは自分も年老いてやがて死ぬんだという、その想像力がなくなっています。いま、40代で張り切って頑張っている人も40年経てば老人になっているんです。20歳の成人式を迎えた若者でも、60年後には老人になっている。宗庵さんと対談が始まってからいまこの瞬間までも、確実にお互いに老化が進行していて、死に向かっているわけです。その変化がとてもスローだから見た目にはわからないだけのことです。だれもが同じ道を辿るわけです。いまの老人が悲惨な状況なら、我々の未来はもっと悲惨になる可能性がある。でも、想像力があれば、対策は打てます。

日本人は三代で滅びる？

――今後、日本民族は滅びてしまうのでしょうか？

池田　もしこのままなら、三代で滅ぶ確率はかなり高いと思います。そうならないために、神一厘の氣づきのための仕掛けがこれからはどんどんと起こるんだろうと思います。

ただ、一つ言えることは、すでに目醒めてちゃんとした食生活なりをされて自衛と工夫をしている人たちは問題ありません。三代とは約100年ですが、氣づかない人たちは「滅びの道」の人生を歩みながら100年後にはゼロになってしまうんです。目醒めた人たちは100年後も生き残る「永久の道」を歩みながら、ふたたび、良い文明を作っていけるんです。

大事なことはどれだけの人数が残れるかという問題だと思います。１人だけが残ったら文明は作れないし、２人だけならアダムとイブで、次の文明ができるまでに数万年もかかるかも知れない。果たして何人の日本人が「永久の道」を歩んで行けるかにかかっていますが、増えていることは確かです。だからこそ、草の根がとても重要になって来ます。端的にわかりやすく言うと、面倒臭いからとコンビニやスーパーなどのおにぎりを子どもに与えるのか、安全なお米を買って手間をかけても手作りにできるのか。その違いですね。

宗庵　意識の問題ですね。やっぱりお母さんの握ったおにぎりの波動には愛が入りますし、絶対にいいですよね！

池田　我が家では子どもが小さかった頃から、女房が健康に配慮した愛情たっぷりの料理を作ってくれていました。その結果、手土産で銘菓をいただいても、子どもたちはあまり食べる様子がありませんでしたね。

宗庵　昔は池田さんが言われた通りだったと思います。僕らも子どもの頃は池田さんの子どもさんと同じだったのに、いつの間にか慣らされてしまいましたから。親も忙しいから買った物を食べさせます。手っ取り早い物は簡単にできますから、それだけいい物が入っていないです。

池田　東京オリンピックの頃から農薬が登場したのであって、それまではありませんでした。50年も前に「やめられない、とまらない」のＣＭでスナック菓子が広まりだしましたけど、僕らの子ども時代、お腹が空いたら隣の家にキュウリをもらったり、学校帰りに木になっているミカンを勝手に食べたりしたものです(笑)。それが、ヘリコプターで農薬を散布するようになって、おやじから「絶対に外の物を取って食べてはダメだぞ！」と言われました。

田舎で農家を継いでいた同級生も農薬の影響でがんで亡くなってしまったので、百匹目の猿現象ではないですけど、町長あてに未来永劫のためにもＥＭ菌（有用微生物群）で村おこしをしましょうというレポート入りの手紙を送ったことがありました。でも、受け入れてはもらえず、うちのおふくろだけが一人まともにやってくれました。だから、うちの田んぼには化学物質が残っていないんですね。氣づく人は氣づいて行きます。50年前の僕たちの世代から化学物質が入って来てアトピーや自閉症などが登場しました。子どもたちの世代が二代目で、精子の数が減り、女性の羊水も汚染されています。10人に１人が不妊症とも言われますが、こんな環境で育った男女が結婚して子どもを生もうとしても、簡単にはできないんです。その次の子どもたちが三代目で、今度は放射能の影響もモロに受けてくるでしょう。このように、三代で滅びるという風にわかりやすく説明しているんです。

宗庵　氣づきですよね。氣づいていてもやらない人もいますが、３次元は行動の世界ですから、アクションを起こせば何か返って来ます。これだけ大変だと言われても、なんとかなると思っている人たちも山ほどいます。大変な事態になってしまった時には、もう手遅れです。

池田　これだけ子宮頸がんワクチンの危険性が言われているのにもかかわらず、すでに300万人は打ってしまっています。同年齢100万人の内の50万人が女の子ですから、300万人だと中学1年から高校3年までが全部打っているということですよ。10年後、この女性たちが子どもを産む世代になったら、かなりの確率で子どもが産めないでしょうね。子宮頸がんワクチンにはペットの不妊剤も入っていますから。

――マイナンバー制度が施行されてしまいましたが。

池田　これで完璧に国民をコントロールできます。マイナンバー制度はある意味でのワンワールド、人類総家畜化の可能性はありますね。個性も何もあったもんじゃない。ロボット化です。

宗庵　上にもよく聞くんですけど、3次元は肉体的なものだけですよ。魂まではコントロールされないです。その肝心の魂を強くしないといけないです。3次元は肉体と魂のバランスが大切ですけど、魂が上流ですからそこをきれいにしておけば、下流はたいして影響は受けません。

軽井沢の謎の豪邸

――軽井沢のビル・ゲイツ邸、話題になっているようですね。

宗庵　ある方と水の話をしていたら、長野県の水は波動がいいとおっしゃられていて、ビル・ゲイツさんの豪邸の話題も出たんです。人間の身体も7割は水分です。最後は水ですから、ビル・ゲイツさんは、多分、わかっていると思います。

池田　僕は現役時代に作戦幕僚として、10人でいかに日本を守るかというような仕事をして来ましたので、どうしてもその視点から考える傾向がありますが、たとえば、天が人間に氣づかせるための神一厘の仕組みとして、関東を中心に東京直下型地震などが起こされるかも知れませんし、あるいは人工地震の可能性もあります。本当に首都機能が麻痺してしまったら、座間や横田や横須賀などの米軍基地も機能しなくなるでしょう。現に放射能問題で、米軍の家族が帰国して、基地からいなくなっています。どんな天変地異が起きようとも指令が出せる中央司令部がない限り、コントロールもできません。一朝有事の時、日本国内の米軍が結集するために、比較的東京に近く、24時間365日、指揮ができる理想的な場所として軽井沢の地下を購入したとも考えられますよね！サウジアラビアには地下軍事都市が実在していて10万人の軍人がいます。地表にいるとテロの攻撃にさらされてしまうからです。

――日本人は自由があるようで、実は錯覚していると思います。国家もあるようで実はないのではないかなと思うことがあります。その点、どうお考えでしょうか？

池田　我々は第二次世界大戦後、日本が民主主義の世の中に変わったと思っていますけれど、占領した側は何も変わっていません。彼らは目的を持って占領し、それはいまでも続いています。彼らにとって都合の良い社会に作りたいし、いつまでもコントロールできるようにしたい。この部分は戦後から現在に至るまで、全く変わっていませんね。ここを認識できているかが大事です。だから、コントロールを邪魔するような活動が彼らには最も脅威であり、そういう人たちを潰そうと画策する。理想的なのは間接統治で、右と左を闘わせておきながら背後で操り、黒幕の彼らには被害が及ばないようにする構図です。先頃の安保法案などはその好例で、右と左が闘って安倍さんに非難が集中しても、後ろで糸を引いている連中は安泰でしたね。

宗庵　池田さんの『離間工作の罠』（ビジネス社）を読むと、世の中には大小関係なくその類のことがあることが非常によくわかります。氣づかされることがとても多いです。それを大きくしたものが戦争です。人間の魔の本質みたいなものですね。

池田 その本は某大手新聞社から広告掲載拒否をされました。日本は植民地ですから、支配者側に加担していれば利益も享受できて身も安全ですし家族も潤うわけです。人間の欲で、我欲に働きかけている。今後もそれが固定化されて行くのか、あるいは剥がれて行くのか。いまはその瀬戸際だと思います。

宗庵 ボーーーッとしていたら、知らぬ間に流された人生を送る羽目になります。

池田 オウム事件で村井秀夫が殺害されたのは、うっかりと口を滑らせて事実を言ってしまったからです。真実を述べるということは、ある意味では危険と隣り合わせです。

第2章

霊性を高め、最初の1歩を踏み出す

アナスタシアの訓え

――宗庵さんが『だいじょうぶ！』の中で、「宇宙の理」と「地球の理」について語って下さいました。「地球の理」つまり「我良し」のエゴ社会が続くと、地球の未来はないと思います。今後、地球が元の理想的な状態に戻るために、人類はどうしたら良いのでしょうか？ そのヒントを探りたいと思って事前に読んでいただいたアナスタシア[*1]シリーズの感想を聞かせて下さいますか？

宗庵 高い次元の話をしているなと感じました。神様は完全無欠ですが、人間は未熟です。アナスタシアははるかに次元が高いです。上に聞いたら「魂の記憶には残っている」と出ましたが、本に書かれている全部が共感できましたね。

池田 人間が本来の自然と一体化して生きていた霊性の高かった時代というのは、間違いなく縄文時代だったと思うんです。アナスタシアの生き方は縄文の生き方そのものだと思いました。集合意識的に著者のメグレさんに夢として見させたのか、あるいは肉体レベルで体験させたのかはメグレさんでないとわかりません。ただ、本来の人間が向かうべき生き方をそのまま体験して、それが本になっているなと感じました。縄文時代から人口が増えると三内丸山《さんないまるやま》が栄えて縄文人の大陸移

アナスタシア 響きわたるシベリア杉シリーズ『アナスタシア』『響きわたるシベリア杉』『愛の空間』（ウラジーミル・メグレ著、岩砂晶子 監修、水木綾子訳）

動が始まり、ロシアのタイガを経由してドイツの森の谷間まで行ったわけです。興味深いのは、その途中がアナスタシアのいたとされる場所で、そこには大自然が残っていて、大森林の縄文の魂的な集合意識があっても全然おかしくはないと思います。

アナスタシアのレベルになるとすべてのものと会話ができてしまう。中でも感心したのは、彼女の発したエネルギーが月、太陽、星に届いて、舞い戻ってきたそのエネルギーを浴びるという場面です。これはすごいなと思いました。結局、出した念は自分に返って来るという、波動の原則そのものです。良い念を出さない限り良い念は返って来ないということを、物語を通じてメッセージとして伝えてくれているんじゃないでしょうか。

宗庵　インドやヒマラヤでは、虎を犬のように扱っている人がいますが、これなどは魂レベルと言うのか愛のレベルで通じ合っていると思います。マタギの方から聞いたんですが、熊が村を襲う場合、最初に人間が敵視するから襲うそうです。人を襲う熊というのは、その前に人間の方が先に熊に何かをしているそうです。熊は本来は人を襲わないのに、人間が圧をかけるから熊も反応して圧をかける人間を襲うんだと。その点、アナスタシアは最初から愛で接するんでしょうね。犬嫌いの人に犬は吼えるように、犬には波動でわかるんです。波動がわかりやすいのは、人間の目には見えなくとも、犬には何かが感じ取れているんです。

池田　日本のみなさんはもっとアナスタシアを読まれたらいいかもしれませんね。

宗庵　ただ、どの程度理解できるかは、その人の魂によりけりでしょうね。

池田　尾瀬の湿原を歩いていた時、清流があって小さな魚がたくさん泳いでいたんです。「可愛いな〜」と思って川に手を入れたら、いっぱい寄って来る。そこでついエゴが出て、1匹捕まえたいなと手を動かしたら、それからはどこに何度手を入れても寄り付かずに逃げて行くんです。「あの頭のツルツルしたオッサンはやばいぞ」と小魚が集合意識でつながっていたんでしょうかね（笑）。自分が出した波動は返って来ますし、出している波動と同じ波動が引き寄せられて来ますよね。

宗庵　魚釣りでもそうです。よく釣れる人は邪氣の少ない人みたいですね。波動がすべてだと思います。人間の良い想念が一定のレベルに達すれば、その集合意識が百匹目の猿現象となって、自然災害などを心配する必要もかなり少なくなると思います。時折、「いくら世の中を良くしようとしても、少人数の小さな集まりで講演会や勉強会をやったところで、たいして効果はないんじゃないですか？」と言われることがあります。そんなことはなくて、想いが一つになれば速いんです。正月の元旦の朝、空氣が違うじゃないですか。今年は頑張るぞというような波動は、やっぱり違います。そこの意識が大事です。

＊１　アナスタシア　シベリアの森の中で野生動物と交流し、一切のモノや家を持たず、木の実やきのこやハーブを食べて生きている女性。彼女を描いたウラジーミル・メグレ著『Анастасия』は世界中で読み継がれている。

１人が踏み出す、最初の１歩

池田　結局、最初の一人の行動から始まるんです。最初の一人に共鳴した他の人達が後から続きながら、それはやがて大きなうねりとなって変化して行く。最初がゼロならいつまでもゼロなんです。だから少人数であろうが数は関係ありません。良い方向に持って行くんだという、その意思が存在しているか否かだと思いますね。キリストも釈迦も最初は一人です。たとえば、生まれて来る赤ん坊を釈迦だと思いながらみんなで育てたら、その子は釈迦になると思うんですよ。理想的なのは、みんなの良い集団意識で子どもを育てられるような社会が実現すれば、この地球も完成かなと思います。そのためには母親の母性が重要で、これは男では真似できません。髪を染めたり鼻に穴を開けたりしている若い女の子でも、子どもを生んだらお母さんです。彼女たちは無償(無私)の愛を子どもには絶対的に与えますからね。そういう意識を誰もが持った時、みんなが自分の子どもだけじゃなくて周りの子どもも、その子どもを天使だと思って本当に育て切ったら、愛や思いやりに溢れた天使的なすごい社会ができるんじゃないでしょうかね。そこが根本ではないでしょうか。多分、アナスタシアはそれを実践している人だと思います。

——最初の1人の1歩が、千人、万人の1歩になるんですね！

6人に1人の貧困層

池田　アメリカの3億人を超える人口の内、6人に1人が食糧不足の貧困層だというデータもあります。これはいままでのアメリカ型文明が失敗した一つの象徴だと言えますし、エゴが行き過ぎて破綻状態です。アナスタシアは、自然と一体化した縄文的な生き方で、アメリカ的な生き方とは対極にあるとも言えます。

いまのロシアがまだソ連（１９１７〜１９９１年）だった頃、ロシアとその周辺民族共和国は厳しく統制されていました。ところが、そのソ連の前身のロシア帝国（１７２１〜１９１７年）はロシア皇帝があまりにも強大で、ユダヤ金融が入り込める余地さえありませんでした。ユダヤ金融は、その国の中央銀行に入り込んで国を支配していきますけど、それがままならない。そこで彼らはソ連にスパイを送り込んで、（表向きは）共産主義革命を起こして皇帝を抹殺し、ユダヤ金融の息のかかった中央銀行を創設しました。そのユダヤ金融を追い出したのがエリツィンやプーチンですから、いまのロシアは本来の路線に戻ってきたということです。大きく長い目で見れば、縄文的な自然と一体感のある民族に帰って来たとも言えます。だから、アナスタシアが小説として登場しても決しておかしくはないんです。でも、本当なら、日本がそれをやらなければいけないんです。だって、縄文の源流の国なんですから。

日本が唯一、世界に誇れるものがあるとするなら、それは皇室です。西暦２０１６年は皇紀で２６７６年目になります。神代古代文字の頃からも含めれば、それこそ何万年も続いて来ている祈りの国が、この日本です。この皇室という中心軸が変わらない限りは、日本は再生できるんじゃないでしょうか。

宗庵　天皇陛下のお姿を拝見すると、魂が揺さぶられるような感覚になりますね。

池田　我々も神社に行けば神様に祈りを捧げます。自分の先祖を辿って行くと、最後は1ヶ所に行き着くじゃないですか、神話上では。そういう民族がそのまま日本人として残っているわけです。天皇陛下が霊性の中心としていらっしゃる限り問題ありません。

細胞が常に新陳代謝しているように、我々日本民族も新陳代謝しているわけですから、氣がついた人がそこでしっかりと生まれ変わればいいんです。日本よりも一歩先に生まれ変わったのがドイツであり、ひょっとしたらロシアかも知れない。

宗庵　僕もいろいろな方々にお会いして来ましたが、本者と思える方はわずかしかいません。池田さんは信念がしっかりとした方だと思います。そういう意味では、船井さんも命を懸けてやられた方だと思います。素晴らしいことです。

無償の愛

――女性の偉大な点は何だと思いますか？

池田　ひとことで言うならば、子どもに対する無償の愛でしょうね。子どもって、反抗して家を出たりするじゃないですか。でも、最終的には母親の言葉が子どもには効くというか、通じることがあるんです。これは残念ですけど父親にはできないことです。父親と息子とはお互いがライバル関係になりますけど、母親はそうではありません。

特攻隊で亡くなった方々はものすごく優秀な方々でした。あの当時は、偏差値の優等生ではなくて、人間性も兼ね備えていましたし文武両道です。機材が少なくなりゼロ戦も少なくなる戦況の中では、優秀なパイロットから登用されたんです。あと数週間も経てば戦争が終結することはわかっていても、自ら戦闘機に乗って散って行かれた。彼らの遺書を見ますと、「お母さん、行って参ります」と書かれていても、残念ながら「お父さん」とは書かれていません。

宗庵　僕は難病から助けられてから、瞑想していると、いつでも神様の懐に抱かれているような感覚になります。子どもの頃、悪さばかりしていて怒られないように隠れたりするんですが、最後は母親に見つかってしまうんです。母親には太刀打ちできないと思いましたね。その時の叱り方が父親とは違って、なんだか神様の懐にいるような感じでした。瞑想中の感覚はそれと似ているんです。母性愛じゃないですかね。神様も元一つと言いますけど、我々も母親の元から生まれて来るわけですから。愛じゃないでしょうかね。

池田　無償の愛であり、本当の愛ですよね。子どもを産んだ瞬間、無償の愛を女性は体験できるけども、男は体験できませんからね。だから、修行しなければいけないんですよ（笑）。高野山にずっと閉じ籠ったり千日回峰したりね。家庭の中も「かかあ殿下」がいいんです。家庭は巣作りの場所だから、家の中のことはお母さんに任せておけばいいんです。男は巣作りに必要な資金を一生懸命に稼いで来て、外で威張っていればいいんです（笑）。

僕たちの恋愛体験

――お母様はどんな方でしたか？

宗庵　僕のおふくろは無口でしたけど芯が強くて、弱音を吐かなかったです。感情をあまり表には出さなかったですね。おやじは外でガンガンと行動する人で、おふくろは家の中を守る人で、愚痴や泣き言は言わなかったです。そういうおふくろの子どもだから、自分も弱音は吐いちゃいけないという自覚はありましたね。

池田　やっぱり芯が強いですよね。おやじとおふくろが結婚生活を始めた頃は、農業を始めたばかりなので、十分な収入もありません。だから、絶対に負けたくないという闘志を秘めながら、二人の二人三脚で頑張ったんです。僕が結婚した後は、無農薬で安全な野菜を毎週必ず送ってくれるんです。運賃の方が野菜よりも高くつくのはわかっていたので、野菜よりもお金を送ってくれた方がいいのになんて、下衆なことも考えたこともありましたね(笑)。

――女性が話題に出たので、恋愛体験の思い出を話していただけますか？

宗庵　僕は料理の世界にいましたから、あまり女性との縁がなかったです。どんな苦労でも微動だにしないような、いい意味での呑氣なお人好しみたいな女性がいいなと思っていました。ある時、友人の鍋パーティーの席に呼ばれて、その会場にいたのがいまの妻です。結婚したら女性には子どもをちゃんと育てて欲しいという氣持ちがありましたし、彼女ならそれをやってくれるだろうと感じましたね。南予地方の氣質があって、おふくろと似たところがあるので、お人好しで他人の悪口は言わないですし、あまり圧をかけません。でも、芯の強さは持っている。彼女には心から感謝しています。

池田　素敵な奥様なんですね。愛媛ですから、え〜ひめ(いい姫)がいっぱいいるんですね(笑)。
　恋愛はとても大事です。人を好きになるということは、人を愛してその人のためになろうとする根本です。それが形を変えた物が、親子の愛であり友情です。
　15歳から自衛隊に入りましたが、中学時代の恩師に帰郷する度にお会いして、親交を温めていました。彼がお嫁さんに適した女性を紹介して下さることになったので、希望条件として、健康と素直さもさることながら、過去に不幸を経験してそれを克服した女性をお願いしました。すると、彼の後輩の娘さんが生後4日目で母親を亡くして、祖母の厳しい躾けの下で育てられたとのことでした。その祖母の方は村の相談役的な立派な方で、そうした娘さんなら間違いないだろうと思い、私はすぐに結婚の決心をしました。5月の連休に四国で初めて会った後、関西で働いていた彼女と一緒に大阪駅へ着きました。私はそこから任地の北海道に飛行機で帰らなければなりません。そこで「いいよな?」と聞いたら「うん」と答えてくれたので、僕はそこの公衆電話から親に「結婚決まったんで。よろしく」と話しました。横で聞いていた彼女は「結婚を前提としたお付き合いと思ったのに……」と唖然としていました(笑)。

宗庵　電撃結婚の走りは池田さんだったんですね(笑)。

池田　彼女は後で友人たちから「え〜!　婚約したの!?」と言われ、教師である父からも「婚約しても、破棄はできるから」と言われたそうです（笑）。当時、僕は北海道にいましたので、彼女には往復航空券を買って来てもらい、北海道を旅行しながらデートを重ねました。そして１年間のお付き合いの後に結婚したんです。初めてのプレゼントが、三浦綾子さんの小説『塩狩峠』[*1]でした。名寄駅から旭川へ向かう途中、峠の頂上にさしかかろうという時、主人公の乗る最後尾の車両の連結部が外れる事故が起きて、彼は乗客を守るためにレールへ飛び降りて、汽車の下敷きとなり自ら命を落とした明治42年の実話が題材です。ご存知ですか？

宗庵　はい、映画では主人公の信夫さんがブレーキになって犠牲になった時の表情が笑顔なんですよね。小説も大好きで何度も読み返しました！

池田　この本は僕の学生時代からのバイブルです。僕は自衛官ですし、いざという時には犠牲にならなければなりません。主人公の信夫さんは自分が犠牲になって実際に人を助けたわけですよ。しかも、僕の最初の任地がその事故が起きた北海道でしたからね。僕の原点と言っても過言ではありません。

宗庵　人間が生命を懸けて笑いながら死ねるということが、頭を打たれたようにショックでした。

池田　ええ。衝撃的でしたね。僕も万が一の時には、身の危険を顧みずに犠牲になっても国民を助けるという仕事をしていました。自分だけじゃなくて部下もついて来てくれるだろうか？　幹部の場合、それは常に念頭にあります。だから、『塩狩峠』は原点なんです！

宗庵　やはり日本の自衛隊はすごいと思います。阪神淡路の大震災でもそうでしたが。海外でも日本の自衛隊は一目置かれています。

池田　人の命は地球よりも重いと言われていますが、我々はその地球よりも重い物を背負って仕事をしているわけです。それが国民を助けるという任務です。それは自分の命よりも重いんです。だから、犠牲になっても助けなければいけない。場合によって戦死もありますが、その犠牲の元に任務が達成されるんです。自衛隊の場合、1人を助けるために隊員が死のうと、任務としてはそれで成功です。その代わり、万が一の場合、名誉と家族への補償だけはしっかりしてもらいたいということが我々の本音ですね。

この間の安保法案でも、そういう議論が一切ありませんでした。2003年のイラク戦争の際、多国籍軍4000人以上が亡くなりました。もし自衛隊に派遣指令が出れば、そういう可能性もあるんです。もし実際に亡くなってしまったら、どれだけ手厚く国民のみなさんが祀って下さるのでしょうか。

＊１　『塩狩峠』　三浦綾子による小説『塩狩峠』（新潮社）および同名の映画（１９７３年）。小説は明治42年に塩狩峠で発生した鉄道事故の実話を元に、１９６６年から日本基督教団出版局の月刊誌『信徒の友』に掲載された。

リーダーに必要とされる人間性

――最近は女性リーダーを望む声が多いようですが、その意見に対してはどうお考えですか？

池田　日本社会が西洋化して来て、石油を奪ってでも自分だけが豊かであればいいというのであれば、戦争の上手い人が国のリーダーになります。いよいよこの地球が滅びるとなり、愛に基づくような社会でないとダメだということに人々が氣がつき始めているのではないでしょうか。そうすると、その中心を担えるのは愛を体現できる人です。子育てをすれば本当の母性愛がわかりますから、その母性愛を自分の子どもだけでなくて、村や国や世界中の子どもたちに施策として転換できます。それに長けた政治家であるなら、母性本能がある女性はいいかも知れませんね。天照大御神も女性神だという説もあります。

宗庵　同感ですね。ただ、これは偏見かも知れませんが、最近の女性の政治家の方々は強くても愛が欠けているような氣がします。マザーテレサくらいの愛で包んでくれると言いますか、地球を愛で包むような温かみです。自分の我欲などは捨てて、みんなと共にと言いますか、「我良し」ではなくて「皆良し」にできる人にリーダーになって欲しいです。

池田　そうですね。結局は男性性も女性性もあまり関係がないと思います。精神世界では女性性という言葉が使われますが、最終的には人間性でいいと思います。日本で頑張っていらっしゃる女性政治家を拝見していると、宗庵さんのおっしゃるように、男性性で頑張っていて女性性を忘れている人が多いように思えるんです。結局、エゴがそうさせているんですね。

宗庵　そういう人には、誰もついていかないでしょうね。

池田　その観点から見たら、いまの中国みたいにエゴの国になってしまいます。形の上では経済的に強くなってはいますけど、そういう国は間違いなくリーダーにはなりません。中国の脅威とかを声高にして煽る場合がありますけど、個人的にも政治的にも自由がなくて、お金儲けだけはいいよということになると、お互いのエゴで角突き合わせて分裂して行きますよ。だから、脅威を抱く必要は一切ないですね。愛に基づく国づくりに転換する時期が来ていますし、それができるリーダーが必要だと思います。

宗庵　やはり共感でしょうね。共に生きるとか、支えて生きるとか、この人のために、というような思いですかね。これからは見せかけでは通りません。上はお見通しですから。

全国を回っていて感じることは、本当は光を当てないといけないのに、現実は隅っこに追いやられている人がたくさんいるということです。そういう方と共に支えあって生きて行くことが、池田さんのおっしゃる草の根と通じると思いますね。そういう人たちが有意でつながっていけば、かなり理想的な形ができると思うんです。

１０００年先を見据えて生きる

――ネイティブアメリカンからも学ぶべき教訓はあると思うのですが。

池田　僕はよくホピ族の話を引用します。彼らはＤＮＡが日本人ととても近いです。

彼らは酷い目に遭って居留地に追いやられていても、自分たちに伝わる教えを守っています。部族の長が子どもたちを教育しているんです。長たちの言葉によれば、人間には2つの道があるそうです。一つは「滅びの道」で、二つは「永久の道」。だから、「永久の道」を生きることが大切で、それはすべての兄弟と共に生きることです。兄弟とは、宇宙であり、太陽であり、月であり、樹木であり、微生物であり、すべての生き物です。共に7代先まで生きられる村づくり、町づくり、国づくりができる生き方をしなさいという教えです。まさに、アナスタシアと同じですよね。本当は日本人が言わないといけませんよね。

宗庵

ネイティブアメリカンの人たちは絶対的に神を信じています。自然＝神です。神から生まれ出ているという意識を持っていますから、自然を傷めつけるようなことをしません。

僕は上からのお告げがあるとその通りに動いて来ましたが、たまに「なんでこんなことをするんですか？」と、上に尋ねることがあります。でも、問いかけた時にはほとんど答えてくれません。何かを一生懸命にやっている時に、フッ！と上から降りてくるんです。

ある時、「1000年先のことを考えて行動せよ」と出たことがありました。1000年先では先過ぎるので、僕も何氣なく、「1000年先とはどういう意味ですか？」と聞くと、「1000年先はおまえの魂がふたたび世に出る時だ」と出たんです。僕は〝1000年先の子どもたちのために〟かな、と漠然と思っていたんです。でも、自分が行くのであれば、自分でいまからきれいにしておかないといけないと思えたわけです。

お話にあった長たちが伝承を続けていることも、この〝1000年先〟という考え方と同じことなんでしょうね。僕は一度、ホピの方々にお会いしたことがありましたが、目力がすごくて威厳がありました。腹が据わっていて微動だにしません。たとえば、地震をとても心配する人がいますが、腹を据えて冷静さを保ち、ジタバタせずに上とつながっていれば、大丈夫になります。その人の魂が高まっていたら絶対に動かなくて大丈夫です。冷静心がとても大事です。取り越し苦労は良くありません。いまは大丈夫なのに、ありもしないことを心配して自ら不安を作ってしまっています。まずはそれを止めることです。

池田　それはまさに究極の作戦幕僚と同じです。たとえば、いろいろと困難な状況になって来た時に、グッ！と腹に力を込めながら、「いま、自分はここにいるんだ」と思うことで、焦点が見えて来ます。そうするとドタバタすることがなくなる。それができないと目の前のことに振り回されて、慌てふためいてマイナスの結果を招いてしまいます。

宗庵　人は大病を経験すると価値観が変わりますが、僕も難病から助けられてからは、上がついているから大丈夫だと、安心感が持てるようになりました。

人類は元一つ

池田　そう考えると、未来もそうだし、過去から見た現在もそうなんです。

たとえば、マスコミの報道などでも、やれ中国がどうだ、やれ韓国がどうだと報道されたりします。でも、我々の過去生では、中国人の時もあっただろうし、韓国人の時もあったはずなんです。この地球上では、誰もがひと通りを経験しながら、いまの自分として存在しているだけなんです。いまの役割として日本人に生まれたり、ロシア人に生まれたり、中国人に生まれているだけです。

だとしたら、お互い同士が喧嘩して何の意味があるの？　わざと喧嘩をさせられているんじゃないの(笑)。お互いが争うことで利益を得る連中がいて、彼らに上手くコントロールされている。3次元の見えるレベルだけに固執するのではなくて、魂レベルで見えない世界を考えた場合、いまの意味も変わって来ますし、未来はもっと変わって行きます。

マインドコントロールによって取り憑かれてしまった心を浄化して、元はすべてが一つであったことを思い出すような方向に持って行かないといけません。その大元というのは神でしょうし、地球上で国としての大元があったとするならば、それは日本ではないかなと僕は思います。なぜなら、スメラミコトがいらっしゃったからです。原点だと思いますね。

宗庵　僕は首の難病以外にも身体の要があっちこっちおかしくなっています。上からは「お前も過去にはロクなことをやってこなかったぞ」と出るんです。だから、いまを頑張らないといけないんです。なんでこんなことになるのかと過去に固執するのではなくて、未来を向いて少しでも良く生きようと思うことです。「いまを行動しながら、いまを生きて行け」とも出ます。
人間は神様ではありませんから完全無欠になる必要はないですし、人間ゆえの未熟さを悲観する必要もないです。できた時でも奢り高ぶらず、できない時も卑下せず、中庸の氣持ちで素直に受け止めることです。

江戸時代が西洋に与えた影響

――日本の江戸時代は当時、世界でも類のない理想社会を築いていたようですね。

池田　そうですね。かまどの灰や糸くずまで売れたように、余分な物は一切なかったわけで、まさに自然と一体です。人間関係では、「おもてなし」です。リサイクルも「おもてなし」の一環でした。江戸末期から明治初期の写真を見ると、どこを見ても芸術作品です。路地でも溝でも、自然との一体感で生きていたことがよ〜くわかります。初めて日本を見た西洋人も、この世のパラダイスと感じたのではないでしょうか。植物と共生して自然と一体化して来た町が江戸であり、地方の小さな村です。農民にも家があって、囲いがあり庭があったわけだし、食器も普通に使っていたんです。当時の西洋の農民は農奴で納屋で寝ていたので、考えられないことです。西洋では食器＝陶磁器を使えたのは貴族以上で、中国では皇帝しか使っていなかったのに、日本では農家で使っていたんです。それだけでもビックリです。

当時、産業革命のイギリスでは労働者階級の子どもたちは幼児労働することが当たり前で、5歳児が朝6時から深夜12時まで労働させられていたので、死んだ子どもたちもたくさんいて、3人に1人くらいしか成人になれないほどでした。江戸時代の日本では子どもたちがとても大切に育てられていたので、それを目の当たりにした西洋人たちは、たいへん驚きました。イギリスの幼児労働でも、フランスやドイツや北欧などの街づくりでも、人間らしさに氣がつくような革命＝民主化に、江戸の生き方が影響を与えたんです。

原点は浮世絵にもあります。印象派にもパリコレも、浮世絵がデザインに多大な影響を与えているんです。現在は遊郭街として知られる吉原も、娘を預けることが立派な教育でした。明治維新以降はお金の世の中に変えられてしまったので、生活のために吉原に娘を売ったんです。明治維新以前は子だくさんだったから預けたわけです。ここでは、吉本興業と東大をミックスしたような、教養があって情緒もあるハイレベルのすごい女性たちが作られて行きました。武士としてもレディーである吉原の女性と結婚することはステイタスでした。そして吉原トップの花魁になれる理由は、情緒が豊かで、思いやりがあって、ものの哀れがわかる素養を備えていることでした。日本独自の優れた数学はすでに当時からありました。ライト兄弟が世界で最初に飛行機で飛んだとされていますけど、本当は日本人が飛ばしていたんです。歴史書に書かれている歴史というのは、常に勝者に捏造されるものなんです。ネイティブアメリカンやアボリジニーなどの人々も、自然豊かな生活をされていたと思いますが、植民地化されるとすべてを略奪されて、文明や文化は抹消されてしまった。でも日本には厳として残り続けたわけです。日本人の物作りの才能は秀でています。浄瑠璃、浮世絵、和歌、連歌、俳句、相撲などでも、文化的で文芸的な物というのは、ほとんどが江戸時代に完成されていたんですね。だから、江戸時代を見直すことで、日本人や日本をより深く知ることができると思います。

宗庵　僕にとって江戸時代とは、武士道であり、『葉隠』が大好きです。１７００年代中頃に出された書物で、いまの佐賀鍋島藩藩士・山本常朝の武士としての心得についての見解を、武士道という用語で説明したもので、田代陣基が筆録した記録です。「武士道と云ふは死ぬ事と見付けたり」の文言などが有名ですね。

日本人必読の書『逝きし世の面影』

池田　『逝きし世の面影』（平凡社）という名著があります。僕の本などでも引用することが多いんですが、これなども是非、一人でも多くの日本人には読んでもらいたいですね。なぜかと言いますと、江戸末期から明治初期に来日した多くの西洋人たちが日本の素晴らしさを語った言葉が、随所に散りばめられているからです。当時、世界中の国々が西洋諸国の植民地にされていく中で、日本だけが植民地にされないので彼らは面白くなかったわけです。植民地にするために日本に上陸してきた西洋人たちが見た日本の見聞録が、『逝きし世の面影』です。

　彼らが日本に到着する前に経由した中国は、植民地として西洋人が住んでいた所はきれいでも、それ以外の地元民が住む場所というのはゲットーみたいに薄汚れていていたり、治安が悪かったるするわけです。日本に入国してみたら、子どもの天国で、江戸はリサイクルが機能していて、農民も家に住んでいたりするから、彼らは目から鱗だった。

　その西洋人たちの驚く様子を、著者の渡辺京二[*1]さんがとてもわかりやすく本にして下さっています。『逝きし世の面影』を読むことで、当時の日本が本当はどういう国だったのかがわかりますし、今回の宗庵さんとの対談も含めて、日本の原点はどこにあるのかという命題にも行き着くと思いますね。

戦後、日本の教育では自虐史観を刷り込まれてしまいました。ほとんどの日本人は本当の歴史がわかっていないと思います。『逝きし世の面影』を読むだけでも、日本人としての自信を取り戻すことができます。何度でも読み返してもらいたいですし、親御さんが子どもに読ませて欲しいですね。

＊1　渡辺京二　１９３０年～。作家。『北一輝』（朝日新聞社）毎日出版文化賞、『逝きし世の面影』（葦書房）が和辻哲郎文化賞、『黒船前夜』（洋泉社）が大佛次郎賞受賞。著書は30点以上を数える（共著、訳書含む）。

７７００冊の焚書

宗庵　ＧＨＱが当時の日本に残っていた本をほとんど焼失させた中で、残った本の内の３冊を池田さんがお持ちなんだそうですね。

池田　はい、いわゆる戦略図書です。西洋人がどうやって植民地化して来たのかという歴史などが書かれている分析書です。日本統治にまずい本が７７００冊あって、ＧＨＱは全部を持ち去って行って焚書にしたんですが、なぜか私がその内の３冊を持っています。昭和19年にできた

『思想戦と国際秘密結社』という本には、「我々は米ユと闘っているが、国を越えた存在がいる。これとの闘いにしっかりと勝たないことには本当の勝利にはならない」と書かれています。いまで言うならば、銀行中心のユダヤ型金融支配が世界を牛耳っているということを当時の日本はちゃんとわかっていたんです。ただ、アシュケナジーユダヤ[*1]であって、本当のユダヤ人ではありません。そういう書物が残っていると困るので、彼らは持ち去ってしまいましたけどね。

宗庵 彼らは自分たちの支配体制を確立しようとしていますから、ネタをばらすわけにはいかないでしょうね。勝った者や支配する者は彼らの都合のいいようにやっています。江戸時代、ポルトガル人が鉄砲を持って日本に来た時、日本のサムライがすごい刀を持っていると驚いたんです。本物の日本刀を見たことがありましたが、悪寒が走って武者震いしました。他にいろいろな剣なども見せてもらいましたが、日本刀は芸術品で次元が違います。鏡面の仕上げ方などを見ても、刀鍛冶の方が身体を清めてから仕事に入る意味がわかりますね。あの刀を抜いて真剣に構えられたら、魂的にも相手は勝てないでしょうね。

池田 交渉の席でも、日本刀を下げた武士がずらっと並んでいるわけだから、彼らも悪さのしようがないですね。自然との一体感で生きる人たちの国というのは、そもそも憎しみの感情がないので武器も軍隊もありませんでした。江戸の場合、サムライがいたので日本は残ることができたんです。

戦略図書『思想戦と國際祕密結社』（北条清一編集、晴南社）

宗庵　日本のサムライがいたことで、彼らは外からは攻めても無理だと感じて、中から崩すしかないと思ったんでしょうね。第二次世界大戦で、特攻隊の乗組員が戦闘機ごと向かって飛んで来る時の顔の表情を見て、アメリカ人はとてもじゃないけど日本には勝てないんじゃないかと思ったそうです。飛んで来る日本人の形相がすぐ目の前にあるように見えたらしいです。アメリカ人は命が助かることが第一でも、特攻隊は命を最初から捨てていますから。

池田　基本的には外交の一環だから、アメリカは利益のための戦いですが、日本は愛する人を守るための戦いです。根本がそもそも違います。

宗庵　文武両道で優秀で若くて血氣盛んな人たちが、みんな命懸けで散って行かれたんです。戦争で亡くなられた無数のみなさんたちの犠牲があるから、いまの日本があるわけです。最近でも安保法案で喧々諤々でしたが、果たして、こんな日本でいいのだろうかと思わざるを得ませんよね。

＊1　アシュケナジーユダヤ　ロシア、ポーランド、ドイツなどの東ヨーロッパにコミュニティーを作っていた人々で、ロシアのポグロムやドイツのホロコーストなどで迫害されて西ヨーロッパやアメリカなどに移住して行ったとされる。

世界で尊敬される日本の自衛隊

宗庵　先日の鬼怒川の決壊の時、自衛隊の方々の救助が素晴らしくて感銘を受けました。

池田　そうでしたね。私の部下で、3・11の時に福島で救助を手伝った者がいました。彼は地元住民から尊敬を受けたんですが、彼が故郷に帰ったらお寺で被災した子どもたちを預かるボランティア活動がされていて、彼もお坊さんに呼ばれて手伝いをしたそうです。でも、彼は現地で活動していたということは一切言わなかった。なぜなら、せっかくトラウマを解消しに来ている子どもたちに自分が自衛官であると知らせると、また思い出させることになってしまうからです。自衛官というのはそういう配慮をしているんです。

宗庵　いままでは何氣なく自衛隊の方々の活動を見ていたんですけど、そこまでの意識で活動されていることをお聞きして、見方が変わりました。

池田　自衛隊は海外での評価がとても高いです。たとえば、カンボジアやイラクなどの戦地でも多国籍軍も含めていろいろな軍隊が赴きますが、基本的には各国の利益、つまりエゴで行っています。ところが自衛隊の場合、もちろん政府の命令で行くんですが、派遣された相手国の国づくりのためにという意識の元に赴いているんです。だから、道路や橋を治す作業一つにしても、やり方が違います。直したらお終いではなくて、補修した橋や道路が末永く維持できるように、住民の方にその技術を伝授したり雇用を創出したりするんです。自衛隊が去っても大丈夫なように、維持に必要な機材なども残します。

そこまでやる国は、日本だけです。日本は現地の方と対等にイコール・パートナーという意識で接するんです。他国の場合は「俺達がおまえの国に来てやってあげているんだぞ」というメンタリティなんですね。白人が黄色人種を植民地にして来た時に〝土民〟と見たであろう感覚と近いのかも知れませんね。戦前のパラオや台湾や韓半島でもそうでしたが、日本は地元の方との一体感があると思います。それで地元民から尊敬されるので、日本の自衛隊は最も襲われにくいです。ＰＫＯ（国際連合平和維持活動）でも日本に倣おうと、お手本にもなりつつあります。

――２０１５年は薩摩スチューデント１５０周年でした。19名が密航で渡欧留学しましたが、その中には、初代文部大臣の森有礼（当時17歳）、ＮＨＫ『あさが来た』で有名になった大阪商工会議所初代会頭の五代友厚（当時29歳）などがいました。最年少は当時13歳の長澤鼎で、彼はヨーロッパからアメリカに渡り、苦労の末にカリフォルニアでブドウ王になりました。１９８３年にレーガン大統領が来日した際、国会で「侍から実業家になったカナエ・ナガサワは私たちの生活を豊かにし、日米友好の歴史の中で特筆すべきです……」と、国会の演説で敬意を表したことから広く世に知られるようになりましたね。

池田　日本の近代化はその後の発展の基点になったので、その観点から考えると、彼らは禁を犯して命懸けで留学して国家づくりに貢献されたという点で評価されるべきです。一方で、本来の大和から続く、自然との一体感のある日本人が共生する国づくりの方法という観点から考えた場合、ちょっとずれているなと思います。

世界の金融支配体制のロスチャイルド側の企図が少しばかり入っていて、うまく使われて

薩摩スチューデントをモチーフにした『若き薩摩の群像』（鹿児島県鹿児島市、鹿児島中央駅前）

いる。ここがイギリスの植民地統治のやり方の上手いところです。現地の人間を彼らの傘下に収めて間接統治する。直接統治だと必ず反乱が起きますから。いまの日本も間接統治されています。この現状をどのように対処すればいいのか。それには裏も表も含めて、抱き参らせることです。これが大きな和＝大和《やまと》だと思います。相手を否定するのではなく修正させながら、大きな和の中で回転させればいいんですよ。ここまで近代化したわけですから、今度は人間のつながりと自然との一体感を取り込む方向に転換する必要があると思います。

それにしても、４００年で培ったイギリスの植民地支配のノウハウは、さすがに上手いなとは思います。徳川幕府に負けていた薩長をうまく使いました。薩長の若者は上海に連れて行かれた瞬間に、近代化の必要性を痛切に感じたのも当然です。当時、中国人は奴隷のような汚い蛆虫のような生活をさせられていて、植民地支配者の白人だけが白亜の中で豪勢な貴族生活をしていたわけです。彼らは支配階級の貴族のきれいな世界しか見せられなかったのです。最下層の農奴の現実も見ていたら、違った印象を持ったのかも知れません。でも、留学生にはそういう恥部は見せませんね。

いまで言うならジョセフ・ナイたちが日本の優秀な官僚を留学させて、アメリカのきれいな部分だけ見せておいて、こういう資本主義をやらなければいけないんだと思い込ませるのと同じです。これがジャパン・ハンドラーズ[*1]です。そうしてマインドコントロールされた官僚たちがこの国体を作っています。当然、弱肉強食の社会になり国内は二極化します。

そういう社会よりも、頭の良し悪しや力の強弱も関係なく、みんながそれなりに楽しく平和に暮らせる国が本来の日本じゃないかなと思いますね。1867年に江戸時代が終わったわけですから、わずか150年ほど前までの日本は、そういうお祭りのような世界だったはずなんですから。

＊1　ジャパン・ハンドラーズ　日本を裏で操っているアメリカ人のこと。日本政府はこれまでずっと彼らの言いなりになって日本の政治を動かしてきたとされる。代表的な人物として国際政治学者のジョセフ・ナイ、政治学者のマイケル・グリーンなど。

日本と西洋の植民地政策の違い

――先程、日本の自衛隊と海外の軍隊の違いのお話がありました。それは日本と西洋の植民地政策の違いにも通じるものがありますね。

池田　はい。奪うか与えるかの違いだと思います。植民地は奪うだけですが、日本の植民地は統治という言葉の方が妥当で、与えたんです。国家予算の3分の1を南洋諸島、台湾、韓半島のために使って、たとえば、日本と同じ教育を施しました。パラオの小学生の方が熱心に勉強するから、日本の小学生よりも成績は上だったそうです。植民地支配国家の中で、その国に学校を作ることはあり得ない。彼らには収奪しかありませんでしたからね。町づくりのためのインフラ、通信網、道路、水道などを作って与え、日本という国になってもらうために統治したわけです。朝鮮名で陸軍中将までなられた方もいますし、そういうことは西洋の植民地ではあり得なかったことです。イギリスの陸軍で、植民地先のインド人やアフリカ人が中将になることなど有り得ない。西洋の植民地と日本の統治とでは根本が全く違いますね。

江戸時代や統治などに顕現しているような、日本人の意識であり魂が世界に伝播すれば、本当に平和で優しい世界になると思います。このわずか１００年で世界を牛耳ってしまった連中は、それを一番恐れているのかも知れません。みんなが目醒めてしまうと搾取できなくなってしまうので、日本を徹底的にコントロール下に置いて封じ込めています。

お人好しな日本人

――数十年前のオーストラリア、シドニーの白人たちの間では、「騙されても騙されても懲りない日本人」と言われていたそうです。日本人は人が良すぎて損をしている傾向があるように思えるのですが。

池田　先日、シドニーへ講演会で訪れましたが、オーストラリアはアングロサクソン人の国ですから、情報統制がとても厳しいです。水道水の中には塩素やフッ素まで入れていますし、子宮頸がん予防ワクチンを男子高校生まで打たせようとしています。

日本人が騙されやすいのは、アングロサクソン人の歴史など、全般的な分析が足りないためだという氣がします。オーストラリアは、かつて7つの海を制した海軍力を持つ大英帝国の植民地政策の中でできあがった国です。アボリジニーという人たちを迫害して、白人国家にしたわけです。日本というのは、真ん中にスメラミコトがいて、天照大御神と八百万の神々から成る神意の国です。西欧は略奪を繰り返してできてきた国です。素直なだけでは相手の思う壺でやられてしまう。いろいろな角度からよく相手を研究して、お互いが利益になるように智慧を絞る必要があります。そうすれば騙されることはないと思います。

歴史の流れの中で次の大きな文明へ移行していく過程では、そういうエゴの国は滅びるしかないと思います。わざわざ「滅びの道」を歩んでいるようなものです。アメリカの貧困層の現状は、国として機能していないということです。いままで中央銀行制度がまかり通って来た国々が滅びて行こうとしているじゃないですか。人間が輪廻転生の中で3次元から向かおうとしている5次元の世界では、エゴだけの人間はついて来られないと思います。5次元に行くためには、「和を以って尊しとなす」の心で、自然と共生していくような考え方を、少しでも広めていくことが必要であり、それが「永久の道」に続いて行く生き方です。

こういう状況の中で、日本人も含めて文明自体が問われています。

目醒めを促す、日本人の魂

——3・11の東日本大震災の時、日本で暴動がほとんど起きなかったことを世界は驚きましたね。

宗庵　日本人は、人から奪い取らない「神の国の子」なんだなという氣がしました。人間の内面には光と闇との両側面があります。あのような切羽詰まった状況でも、闇の部分が出なかった本当に霊性の高い人たちだと思います。我先ではなくて、弱い人にお先にどうぞという思いが、行動として表に出ています。まさに神的です。1992年に起きたアメリカのロサンゼルスの暴動はすごかったじゃないですか。

池田　アメリカはそもそもが奪って作った国ですから、あのような状況では如実に本性が表面化しますね。

宗庵　感謝のある国との違いだと思います。自然を神としている日本は八百万の神々の国ですが、外国は一神教が多いです。その差もあると思います。

池田　信じる自分だけが正義であり、自分たちの信じる神がない所は悪魔だから殺してもいいわけです。日本人にとってはすべての存在が神々ですから、水でも食べ物でも道具でも、どれもが感謝の対象となります。だから、生き方が全く変わって来ます。3・11の時、日本で暴動が起きなかった様子を見て、権力者たちにも目醒める者が出たと思いますね。

宗庵　僕もそうだと思います。輪廻転生の中で日本人だった魂が外国に生まれているケースがあって、その魂が世界中に散らばっています。そういう多くの外国人たちの霊性も３・11で目醒めたと、上からは出ましたね。『だいじょうぶ！』で対談したグレゴリー・サリバンさんの場合でも、僕は過去生で彼に何度も日本で出会っています。あのような状況下では、みな一つという意識を持った人たちは結束しますし、奪うような意識を持つ人たちは地団駄を踏んだと思います。あの一件で魂の素顔が炙り出されたと言えます。

最近、特に感じますけど、権力者たちは慌てていると言いますか、やり方がおかしいです。焦って我先にという我欲が出ていますね。

池田　そもそもアングロサクソン人は集団で略奪することが得意な海賊だったのに、その中から愛を説く人間が現れて、「みんなで分かち合いましょう」なんて言い出すとはとんでもないことですよね。彼らの中でも統制が効かなくなって、焦っているかも知れませんね（笑）。もしかしたら彼らの中に、愛する者のために亡くなって行かれた特攻隊の方の過去生の魂を持つ人たちがいて、その霊性に覚醒の炎が点火したのかも知れない。

宗庵　霊性心＝宇宙です。こちらの「地球の理」ではやれないでしょう。宇宙は神であり、森羅万象のバランスを取っています。こちらのエゴでは太刀打ちできないです。

池田　宇宙の御心と言いますか、7次元からつながっている人には、地球の3次元レベルのエゴの連中は太刀打ちできないというのが実態じゃないですかね。

宗庵　炙り出されていますね。いままでは虎視眈々としていた連中が「そんなはずじゃなかった」と驚くような状況になっています。エゴの集団の中から霊性に目醒め始める人が出始めたので、慌てふためいている。その焦りが卑しさとして出ているように感じます。まさに「無理が通れば道理は引っ込む」という状況です。焦ることは「魔の波動」を引き寄せます。

上からお告げが降り始めた最初の頃は、僕もまだ意味がわかならいことが多かったです。「急げ」と出たから、早くやろうと氣持ちがせかされていると、「焦るな」と出たりする。紙一重です。なぜ急ぐのに焦ってはいけないのかと思ったりするわけです。どちらにも取れるような形で降ろされるから困惑してしまいます。最近はなんとなく直感でどういう意味なのかがわかるようになりましたね。でもその頃は、自我が強くてわからなかったです。1～2テンポくらい遅れてから、「あっ！ そういうことだったか！」と思うようなことが頻繁にありました。上は先渡しですから。直感力も先です。魂なんですよね。

安藤先生とお話していても、言葉はたいして交わしていなくても、なんとなくわかるんです。回りの人たちにしてみれば、話の脈絡がないのでチンプンカンプンに聞こえているようなんですが、なんとなくわかるんです。池田さんとも同じですけど、話していて楽です。全部、喋らなくてもいいと言いますか。最近、上からは、「心配は毒であることを強く伝えろ」「心配はかける側もかけられる側も毒だからダメだぞ」「心配や不安の感情は消せ」と出ます。

世の中の動きが「魔の波動」の影響を受けているので、どうしてもマイナスの言葉も出やすくなりがちです。何氣なしに使う言葉の中にものすごく「魔の波動」が入ってしまう場合もありますから、言葉の使い方は注意しないといけないですね。「地震が起こる」と何度も繰り返して騒げば、みんなが不安になるので本当に起こりやすくなるんです。行動も同じです。

ブータンと国民総幸福量（GNH）

――ブータンの国王が3・11の後で来日され、国会で演説されました。ＧＮＰではなくてＧＮＨ（国民総幸福指数度）という言葉が有名になりましたね。

宗庵　幸福になるためには物質的な発展は必ずしも必要ではないということで、それまでのＧＤＰ（Gross Domestic Product：国内総生産）ではなく、ＧＮＨ（Gross National Happiness）を使っています。それにしても、国会での演説は感動的でした。

ブータンはアナスタシアそのものじゃないですかね。命を大切にする。起こる現象に対して感謝する。たとえば、渡り鳥の迷惑にならないように、電線を張らない工夫をしたという話もありましたね。命は元一つです。安藤先生ともよくお話するんですが、元は一つだと。一つの所から出ているお互い同士も一つなら、なぜ争いごとをしたり、悪く言う必要があるのか？　相手が悪く言うから自分も言い返すのではなくて、相手が悪く言うならそこで自分が氣づいて相手のようにならないと思うことです。

池田　幸福度が本来の尺度にならないといけないんでしょうね。社会やコミュニティや国の進化度を表しているのか知れません。貨幣経済の世の中で生きながらも、最終的な幸せは本当はどこにあるのか？　ブータン人は霊性が高いからこそ、ＧＮＨというような尺度が出て来たんでしょうね。でも、本来は日本人がそうだったんですよね。江戸時代は特にそうでしたから。残念ですけど、そういう霊性がブータンに残っていて日本には残っていないということになります。日本は変えられてしまった。ほとんどブータンの情報が発信されていないのは、日本の支配層にとっては都合が悪いからです。

——歴代の日本の政治家では誰を高く評価されますか？

宗庵　探しても思い浮かばないですね。どこかに欲があって、手放しで本氣で命を懸けているような人がいないです。

池田　日本民族の本来の心の豊かさや人間観などを主としたコミュニティづくりをしようとされる人が民族派とします。一方、植民地化された統制下の中で経済的な豊かさを求めるお代官的な人が植民地派とします。そうすると、民族派の人は探しても見当たらないです。明治維新からそれまでの国体が切り崩され続けているので、やはり厳しいですね。

——海外の政治家の中に注目している人はいますか？

池田　敢えてあげるならばプーチン大統領でしょうね。ロシアが共産主義化されたり分割されたりしてきた歴史の中で、アナスタシアではないけれど、国づくりの必要性に目醒めた人じゃないかと思います。そうすると、目醒めた人間は徹底的に悪魔に仕立てられて潰されます。我々が普段得られる情報は、残念ながらアングロサクソン系の統制下のテレビや新聞などの物がほとんどです。実際、プーチン大統領は戦争を止めてくれていて、世の中を良い方向に導いてくれているのかも知れませんよ。ただ、こういうことを僕が発言すると、「トンデモ池田」と揶揄されてしまうんですけどね（笑）。

霊性を高める

宗庵　自分の魂を磨いたら、本者はわかると思うんです。源龍会の人たちには、「他人を主役にして生きない。自分を主役にして生きる」と話します。それは自惚れということではなくて、外から圧を掛けられた時にも微動だにしない信念を作らないといけないからです。そうでないといざという時に、どう動くべきかわからなくなります。他人が主役だと自分の立ち位置が見えなくなります。その他大勢の中には入らないことです。

先日、愛南町で池田さんのお話を聞かせていただいて、すぐに対談本のお願いをしたのも、一人でも多くの方に氣づいてもらえると感じたからです。上からは「ボーーッとしている魂が多過ぎる。しっかり覚悟を決めて生きろ」と出ます。いままでの日本はその都度、覚悟を決めて来たから、神がかり的なことが起こったわけで、霊性心の高い時にしかそうなりません。低い波動の時には無理です。みなさんには本当に氣づいて欲しいですね。池田さんが命懸けで発信された情報を読んだり聞いたら、それを真摯に受け止めて生活の中に役立てないといけないです。せっかく情報を知っても、なんとなく受け止めるだけで、すぐに忘れて流されて生きているようでは、ダメです。その他大勢の情報を追いかけているようではいけないです。「スピリチュアル好きな人」と、「霊性を高めるスピリチュアルな人」とは別です。しっかり生きて欲しいです！ある方が、僕に相談にいらしたことで、一度はがんが消えたことがありました。その後、がんが再発したので治して欲しいと訪ねて来られましたが、今度ばかりは治せないとお断りしました。一度がんが消えた時、少しの間だけがんが消えたと信じたもの の、そのまま信じ通せなかったんです。がんが消えたことへの疑問が心のどこかに残っていて、その思いが大きくなってしまったから、がんが再発してしまった。信じることと、信じたつもりとは、全く違うんですね。3次元でがんが消えたということは治ると信じた結果で、それは受け取り方が正しかったからです。がんが再発したということは間違った受け取り方をしているからなので、その状態では治るものも治りません。その間違った受け取り方を元の正しい受け取り方に戻してあげさえすれば、治るんです。そして、どれだけ真剣になれるかです。難病でもがんでも、余命宣告されれば待ったなしです。なまじっか余裕があると人は必死になれません。僕も余裕がなかったので、生きるにはどうしたらいいのか必死になったので、説明がつかないような見えない力が作用してくれました。世の中の常識では治らないと片付けられてしまうことでも、その見えない力で奇跡が起こったということは、そこに何かがあるんです。もちろん良い方向でないと上も手は貸してくれないと思います。

池田　結局、自分自身がどれだけ高まるかが、人生ですよね。どなたかの本を読んだり講演会で話を聞いても、それだけではまだ知識の範疇にあるだけです。せっかくの貴重な知識を、自分を高めるための手段として活用して、初めて自分の血となり骨となりますね。この対談本も同じで、日常生活で役立てていただきたいです。

宗庵　はい。必要ではあるけれど、それに依存したらダメです。それを役立てることです。
　スピリチュアル好きな方の中には、本も読んでイベントにも参加して、とにかく知識が豊富な方がいます。たとえとしてですが、みんなで温泉に入って「あ〜、氣持ちがいいな〜」と素直に感じればいいものを、「ところで、この温泉の成分は何ですか？」と水を差すようなことを言われると、他の大勢の人たちの氣をそいでしまう。あまりにも知識に溺れてしまう人はそういう傾向がありがちですね。自然にナチュラルに感じている状態がスピリチュアルじゃないですかね。あまりうんちくは必要ないです。

池田　明治維新以降から戦後を通しての教育は、知識や記憶力だけが評価されて来ました。江戸時代の吉原の教育や花魁は人間性が基準じゃないですか。果たしてどちらが幸せなのか。知識だけの人よりも霊性や人間性が高い人と一緒の方が幸せですよね。知識偏重教育で育った現代日本人は人間ロボットと変わらないし、そのために作られた教育システムとも言えます。

宗庵　その通りですね。彼らは人類を間引きたいので霊性心を高められると困ります。その他大勢と一緒に右へ習えをする人がいい人で、そこから外れるとダメだとされてしまう。まさにロボットです。ピラミッドの頂点の権力者たちがこういう世の中にして来ましたが、最後までごり押しで通すことは無理だと思います。最後には神一厘でひっくり返ると思いますね。

歴史について面白い話を聞きました。最近、鎌倉幕府の成立した年が１１９２年ではなくなっているらしいのですが、学校では１１９２年と解答できないと×にされてきたわけです。教育って果たしてなんだろうかと思わざるを得ないですね。これからは、もっと道徳教育が必要じゃないでしょうか。思いやりの氣持ちや自然に感謝する氣持ちとか、野山を歩くとか……。鬱の人は地面が土の所で20分間の日光浴を1ヶ月続けると治ると思います。

太陽と大地が上下にある大自然のパワーの間では、人間のバランスが調整されるからです。漁師の方が元氣なのは海のミネラル（塩）のお陰ですし、農家の方は土（微生物）のお陰です。だから、自然に還れば大丈夫なんです。

池田　僕が育った小学校は裏が山でした。理科の授業では山に行って果物や栗の採集などもして、まさに自然との一体感を経験できたわけです。おやじが農家を営んでいましたし、家の庭に植えたカボチャのつるが一晩で30センチメートルも伸びる姿を見たりしたものです。そういう一日一日の変化を経験することで、自然への畏敬の念が潜在意識の中に刻み込まれていたと思います。自分も自然の中の一環だという意識も知らず知らずの間に生まれていたのかも知れません。いまはそういう経験ができにくい時代で、そこが大きな問題だと思います。

母親が賢くなることの必要性

宗庵　僕らの時代と違って、最近の子どもたちの間ではゲームが浸透しています。ご相談にみえた不登校のお子さんが「ねえ、おじちゃん。このゲーム、最新型ですごいんだよ」と得意そうに話すんです。僕が「花の種は土に埋めて水をかけると芽が出るけど、どう思う?」と聞いたら「そんなの当たり前だよ」と答えるので、「ゲームなんかよりも花の種が芽になることの方がすごいことなんだよ」と言ったんです。あの種の中に自然の記憶が入っているのですから、神的としか言いようがありませんから。でも、お母さんまでが最新型のゲームをすごいと思っているんです。池田さんのおっしゃるように、母性がもっと高まらないとまずいです。親が間違って教えれば、子どもも間違えます。親は子どもを怒るのではなくて子どもから学ぶ姿勢が大切ですし、先輩からも学ぶことです。

池田　お母さんが簡単でもいいので安全な手作りの料理を、子どもに食べさせてあげるという行為がとても大事ですね。

宗庵　それですね。その不登校の子どもにご飯は何を食べているか聞いたら、冷凍食品を電子レンジで解凍して食べていました。それが美味しいそうですからね。

池田　味覚が狂ってしまっていますね。食事から治さないといけません。

宗庵　魂とは「思い」と「考え」だと思うんですね。食べる物で人間の身体はできていますし、お母さんが間違った「思い」や「考え」で食事を与えたら、その子どもがかわいそうです。子どもの魂がおかしくなるのも当然です。導き役のお母さんだからこそ、しっかりとしてもらわないと大変なことになります。と言いますか、すでにそうなってしまっています。

池田　ファーストフードのお店でも、一部では子どもメニューがとても充実しています。小さい時に憶えた味が味覚となり、その味は大人になってもずっと求めていくようになります。まさに家畜化の始まりです。働いて稼いだお金で、身体に悪い物を食べ、知らずに病氣にさせられている。病院へ行かされて、治療を受けて薬を買わされて何度も通院させられる。

やがては滅んで行くであろう民族を再興させないための格好の手段ですよ。

その罠に嵌められないためには、味覚を変えることです。天然の必須アミノ酸、ビタミン、ミネラル、ファイトケミカル、水などを摂取すると、味覚は1ヶ月で生まれ変わります。そうなると、天然物の方が美味しいと感じられるので、化学合成や添加物だらけの物は身体が受け付けなくなります。子どもはお母さんの与えてくれる物に疑いは持たずに食べますから、お母さんが賢くならないと次世代は育たないということです。昔のように三世代が同居していれば、お母さんが忙しくてもおばあちゃんが代わりに作って愛情たっぷりのご飯が食べられるんですけどね。核家族化して共働きとなると、現実には難しいですね。

宗庵　アフリカに、「一人の高齢者が死ぬと、一つの図書館がなくなる」という意味の諺があるそうです。アフリカの一部族が言っていた言葉を、国連のアナン事務総長が1999年のマドリッドの会議の演説で話したものです。老人は知恵の宝庫ですし、大切にしなければいけません。

池田　いい言葉ですね。いまは老人だけを一箇所に集めた老人ホームという商売が成り立つような時代ですし、老人が窓から投げ捨てられるご時世です。

宗庵　あそこまで行くと人間の魂はないです。誰もがやがて必ず老人になるんですけどね。

中村天風直伝　心身統一法と絶対積極

――普段から実践されている健康法はありますか？

宗庵　私は、毎朝、起きてから天風先生の「誓いの詩」を唱え、風呂場で冷水をかぶりながら「力の誦句」をやります。中村天風先生の教えである心身統一法もすべてを毎日やります。

新陳代謝を促進して自立神経を強化するプラーナーヤーマ。神経反射調節法がクンバハカ。これはヨガの秘法で外部からの肉体的・精神的なショックによる自律神経の動揺を防いでくれて、安定した精神を保てる体勢が取れるための訓練法です。命を脅かすようなストレスも防ぐことができ、マイナスのネガティブな感情にも振り回されなくなります。

養動法は心と体を調和させますが、座ったり立ったり横たわったりの体勢で体を動かすことがポイントで、それにより消化促進や内臓強化、消化促進などの効果があり、運動不足も防げます。

15種類の運動で精神強化と信念確立を促すのが統一式運動法で、運動神経を活発化にし、内臓器官も強くしてくれます。

天風式の坐禅法が安定打坐法と言われ、命の中の無限力が自覚できる行法です。ストレス、不安、悩みなどで疲弊している心をピュアに調整してくれるので、余計な雑念も払拭されてしまいます。「無」を連続して体験することで微動だにしないような不動の心が育まれます。

就寝前の連想暗示法は観念を改めます。鏡に向かいながら自分がなりたい精神の状態を命令するのが命令暗示法で、断定暗示法は的確にその効果を高めますね。

これは宗教ではなくて実践ですから、霊性も高まります。天風会の教えの根底には、「絶対積極」があります。毎日の生活の中では、ともすると不平不満、愚痴、不安や心配など、消極的に心を使う癖がついているのを訂正して、積極方向に習慣づけることにより心を強化する考え方です。それでも、僕らも何氣ない時に弱氣になったりすることはあります。そういう時、自分を卑下するのではなく、そこで再度、積極方向に頭を切り換えればいいんです。転んだらその都度、立ち上がればいいのであって、転んだ状態で長くいないことです。

池田さんは空手の高段者ですが、日本の武道は心身浄化法としても世界で一番だと思います。「礼に始まって礼に終わる」のは神的です。負けたら自分の未熟さに感謝をし、勝っても奢り高ぶらないでさらに精進することです。僕はよく高岡賢次さんと腕相撲をしますけど、同じ力加減ならば礼をした側が必ず勝つんです。日本人は本来、その霊性心というか神的な物を持っているんですから、それをもっと蘇らせないといけないです。

宗庵氏愛用の天風会『真理行修誦句集』と『天風誦句集』。東郷平八郎、原敬、北村西望、松下幸之助、宇野千代、双葉山、稲盛和夫、広岡達朗など、各界の有力者に多大な影響を与えた中村天風。「絶対積極」の教えには、人生を幸せに導くヒントが凝縮されている。

縄文人の歌

池田　僕は自分で作った「誓いのことば」の前に、実はもっと長い文章を唱えています。これらをアファメーション（短い前向きな言葉を繰り返すこと）として30年近く続けていて、朝起きた時、寝る前、講演の前などに行っています。入浴の時にはアワ歌も一緒に口ずさみます。

「アワ歌」

あかはまな
いきひにみうく
ふぬむえけ
へねめおこほの

もとろそよ
をてれせゑつる
すゆんちり
しゐたらさやわ

これは縄文人が歌っていたそうで、声に出して唱えると幸せがやって来たり、健康になると伝えられていますね。以上の3点セットです。寝る前には複式呼吸をやって、軽い瞑想状態で眠りにつきます。犬の散歩は僕の日課で、散歩途中の小公園のベンチの上に犬を待たせて、空手を少しばかり行い、心身統一を行います。

宗庵 上の計らいで、いままでにもすごい方々にたくさんお会いして来ましたが、みなさんどなたも顔に艶があります。彼らはしっかりと上とつながっていて霊性が高いので、表情に表れるんです。顔に艶がない方はダメです。どれだけその人が上とつながっているかというバロメーターが顔です。そして、良い言葉と感謝と呼吸が大事ですね。

池田 最初に口から「フウゥゥゥ〜」と息を吐き出しながら、悪い物を全部出し切るイメージングをします。次に空氣を吸い込む時に、浄化された自分が宇宙神と一緒になって天上から自分の身体に入って来るイメージングをします。

これを長く続けていくと、いろいろな状況に応じた映像が脳内に現れるようになってきて、今日はどんな光景が脳内に映し出されるかなと考えることが、毎日の楽しみになってきます。たとえば、緑のジャングルの光景が現れて途中で竹が見えて来ると、そこは辺り一面が水田のきれいな棚田であったりします。そういう風光明媚な所で生活できることが、人間としては最高に理想的なんじゃないでしょうかね。

宗庵　真我ですよね。そういう光景はお任せすれば見せていただけます。でも、他の人も同じ光景が見れるかとなると、そこはちょっと難しいです。紙一重ですね。お任せできるか否かをも越えた領域と言いますか。どうしてもと言うような執着みたいな物が外れるんです。今回の対談の前頃に台風が発生しましたが、「大丈夫！」と上にお任せしたら時間調整してくれましたから、こうして上京して対談できているわけです。

池田　ここ何年かの台風の進路は本当によく考えて下さっているなと思っていました。日本列島を見事に浄化してくれているわけです。放射能は現況では水で浄化するしか手立てがないわけで、あとは海の浄化力に頼むしかありません。すべてが流す方向で浄化されています。

化学添加物、塩素、重金属

――食べ物はどんな点に注意していますか？

池田　努めて化学添加物を摂取しないようにしています。塩素の含まれた水も飲みませんし、完全な浄水器の水を使っています。料理する際、お米を研いだり野菜を洗う時から使います。

宗庵　どうしても重金属が入ってしまいますね。僕は機能水を使っています。

池田さんのお話にもありましたが、空氣の汚染は正直きついですね。食べ物はそれなりに工夫すれば浄化方法がいろいろとありますが、放射能が肺に入ってしまうとまずいです。空氣が汚されてしまうと、呼吸法によるエネルギー調整や意識にも悪影響が出ます。

瞑想とか呼吸法だけでなく意識も大切です。僕も池田さんと同じで、最初に悪い物を一度吐き出してしまいます。次にクンバハカで良い物を入れる時に、全身にエネルギーや波動が行き渡るイメージをします。時間が取れる時には、起きたら朝陽を3分、夕方は夕陽を3分浴びるようにしています。そういうことをしていれば、最近増えている自律神経系の病氣などでも治ると思います。これは過剰な精神的、身体的ストレスが引き金となって自律神経が

2015 年、髙岡賢次氏（左）と共に覚醒ユニット“ザ・ソーケンズ（宗賢）”を結成し、人々の目醒めを促す全国行脚の旅を続けている。

乱れることで発症し、さらに自律神経が乱れるという悪循環に陥りますけど、わざわざ病院に行く必要はないのではないかと思います。

不都合な日本の医療システム

池田　自閉症にしても最近目立ってきたわけで、原因にワクチンが関係しているという意見は根強いです。アレルギーもアトピーもがんの増加も、一番の原因は化学添加物や塩素などを含む飲食物だと思います。

宗庵　マッチポンプです。飲食物にも薬にも入れて、どんどんと身体を悪くさせている。

池田 ワクチンは健常者にも打てるので国民１００パーセントからお金を収奪できます。だから、どんどんと浸透しています。

宗庵 そういう意味でも、日本の教育や医療の現状は深刻です。うちの相談会に来られる中にはお医者さんも多くいらして、先日も沖縄の心療内科の先生とお会いしました。彼女は琉球王朝の系列の方で、とても魂レベルが高いんです。医者として必要以上に薬を出すことに抵抗を感じて悩んでいらしたんです。結局、薬をできるだけ処方しないように切り換えたところ、逆に患者さんが良くなって評判が上がり、来院者が増えています。

池田 その沖縄の先生のような方が今後も増えてくれたら、大きな変化になって行くでしょうね。

宗庵 そういう方がたくさん現れ始めています。本当に救いたいという使命感が芽生え出しているようです。

池田 それはいいことですね。そういう方は根本的に日本人だと言えるのではないですかね。

日本では薬代による利益で潤うというシステムができあがってしまっていますから、そこを壊そうとする人は徹底的に排除されてしまいます。五井野博士が開発された「五井野プロシジャー（ＧＯＰ）」などもその一つです。これは最初にヨーロッパで許可を受けた自然薬で、医学的にもその治療薬としての効能が証明されています。ＧＯＰは、ロシア、ラトビア、ウクライナの新聞・テレビに大きく紹介されています。チェルノブイリの原発被害で苦しむキエフの国立がんセンターでは、50人の子供たちが回復しましたし、ラトビアでも大成功していいます。ＧＯＰはいろいろな病氣に効くようですが、中でもがんに効くようなんですね。だから絶対に表には出られないようにがんじがらめにされているのが現状です。

いまの日本でも3歳から競争社会の中で馴らされて育った子どもは、いかに競争に勝つかという意識が染み付いてしまっています。本当に人を助けたいという意識が育まれていないのではないかなと思います。それが何世代も続き積み重なってきていますが、これは文明として大きな問題ですね。日本人は自然との一体感の中で何万年も続いて来た民族ですから、本来は、根底的な心の波動の部分から違うはずだと思います。

医者は薬学業界に牛耳られています。米国のエール大学では、薬学業界が膨大な資金で教科書を作り、それを無料で医学部に配布しました。当然、教科書には「この症状にはこの薬を使用する」というような対症療法が書かれていて、薬が儲かるようにできています。その教科書をよく憶えた成績優秀な学生ほど、薬を使う優秀な先生になっていくわけです。

宗庵　おっしゃる通りです。教育でもそうですよね。僕がやっているセッションの参加者で最も多いのが教育者で、次が医者です。いまのシステムは本来がおかしいですから、その弊害で彼らも精神をやられてしまうんです。本当は霊性が高くて波動も高いから、何か違和感を感じて氣づいているから、ご相談に来られるんだと思います。

池田　良心の呵責に耐え兼ねているんでしょうね。

宗庵　はい。多分、それが炙り出されて表に出ているんだと思います。あるお医者さんが、最近は薬よりもサプリメントを患者さんに使われるらしいのですが、いくらサプリメントでもロスチャイルド系のメーカーのサプリメントは使いたくないと相談され、僕も「使わない方がいいのではないですか?」とお答えしたことがありました。

池田　サプリメントも、「とんでもなく悪い物」と「とんでもなく良い物」があって、玉石混交しています。「とんでもなく悪い物」は1錠の原価が1銭～1厘の世界だと思いますし、それが何十円～何百円になるわけです。

宗庵　それに惑わされないようにするには、波動で判断することです。人から「この商品は使っても大丈夫ですか」と聞かれることがあります。お答えはしますが、強制はしませんね。

発酵食品で腸内環境を強くする

――発酵食品は食べていますか？

池田　発酵食品は基本的にお味噌をなるべく食べるようにしています。ありがたいことに料理は女房が手作りしてくれていてシフォンケーキも作るんですが、ベーキングパウダーを使わずに塩と酢だけでこんがりふわふわのケーキができるんです。果物を入れたりする以外にも、池田家スペシャルとして味付けに京味噌を入れます。

天然の食材と発酵食品は、悪い物を排除してくれて消化も良くなりますから、健康の原点だと思います。やはり、腸内の微生物を強くすることがポイントですし、人間の細胞は60兆個もあって微生物の塊と言えます。ただ、私はアルコール分解酵素をもっていませんからお酒は飲みません。昔は空手部にいたので無理をして飲んでいたことがあり、最後には入院してしまいました。それ以降は止めました。

宗庵　僕も、上から「しばらく酒を止める覚悟はあるのか？」と聞かれて、「あります」と答えたら、「ならば止めろ」と降りたので「はい」と答えて以来、本当に飲めなくなってしまった時期がありました。余命宣告もされた僕の難病を、一瞬で取り除いて下さったのが上の存在です。ならば、そのお告げには、僕は従うだけです。お告げがあるまでは、酒を止めると言葉では言いながらも止めれませんでしたね。

池田　僕は地元のＰＴＡ会長なども任せていただいているのですが、集まりの宴席では女房がもっぱら飲み役で、僕は可愛いアッシーちゃんです（笑）。他の奥様方もアッシーしますから、ずいぶんと重宝されているみたいですね。

宗庵　発酵食品も池田さんが奥様にアドバイスされるんですか？

池田　女房が料理をしていますから、健康を考えて面倒臭がらずに手間と愛情をかけてやってくれています。彼女も口養生の大切さを理解していますから、子育てしながら30年近くずっと継続してくれています。本当に感謝しています。

宗庵　それなら、子どもさんは市販のお菓子は食べられないでしょうね。魂には、市販品の刺激は強過ぎますね。

池田　子どもの誕生日ケーキも女房の手作りなんです。それに口が慣れてしまうと、市販のものは受け付けなくなりますね。そういう意味では、子どもたちは幸せなんでしょうね。息子の結婚が決まった時も、女房が「お嫁さんがちゃんと料理を習ってくれたらいいんですけどね。でも、あまり言うと嫌われちゃうかしらね」と呟いていました。高３の娘はしっかりしていますから、女房が留守の時には同じように手作りしてくれます。

宗庵　素晴らしいですね。食は財産です。

池田　これだけあらゆる食品に添加物や農薬などが含まれる時代になってしまうと、男性の精子が死んでしまいます。いまの若者たちの精子の数は１ミリリットルの中に４０００万個くらいと言われています。その程度ですとなかなか妊娠が難しくなります。ましてや女性の羊水の中は化学物質で汚染されていますから、10組に１組の割合で子どもができないというのは、そこにも原因があるのかも知れません。

平均年齢21・５歳の男子40名から精子を調べたら、双頭精子、双体精子、尾が曲がった精子など奇形率の異常が38人に見られ、その者の多くがカップ麺とファーストフードを常食していたそうです。今や、不妊の原因の可能性は男女五分五分とされています。

宗庵 日本の2000年～2006年の間の農薬使用量は耕地面積当たりで世界一でした。添加物は指定が約400、既存が約300、一般飲食物が約100、一般飲食物が約50ほど認可されているそうですね。

池田 昔、人間の命が誕生する時の受精について教わったことは、過酷な競争で勝ち残った最後の一つの精子が自分だということでした。ところが、これは間違いで、実は棒倒しと同じらしいです。最初の射精された精子たちはスクラム部隊にあたります。卵管に辿り着くまでに精子は自分を犠牲にしながら妨害物を排除して行きます。最後の1匹は、人間界でいうところの文武両道の優秀なエリートですね。みんなの犠牲、つまり共生の結果で生まれたのが、人間の誕生なんです。だからこそ、食べ物や飲み物から根本的に変えないといけません。まさに、お母さんの叡智にかかっているんです！

宗庵 ドイツでは日本のような事態はないんですか？

池田 変わってきているでしょうね。ドイツはこれから民族として栄えて行くでしょう。ロシアもです。逆にとんでもなく酷い国はアングロサクソン系の国々と、その植民地である日本です。しかも、もう5年も放射能で被曝させ続けられていますから、最悪です。

宗庵　権力者たちの餌食ですよね。

原発と権力

宗庵　ところで、僕の田舎の伊方原発は活断層の上にあると昔から言われて来ました。地震が起きたらお終いです。

池田　そこが心配なんですよ。実家からも近いですしね。あそこまでの道路が狭いので、レスキューでも難しいと思います。

宗庵　町にお金が落ちるからメリットはあります。でも、道路のアクセスがダメです。

池田　四国は空海が八十八ヶ所を作って、大きな結界をせっかく張ってくれていたのに、そこの裏街道の大事なポイントがやられてしまうわけですから。

宗庵　また、再稼動を決めましたからね。選挙の公約で原発に反対した政治家や放射能に否定的な有識者でも、途中から肯定派に変貌してしまった人がたくさんいました。多分、相当に圧力がかかるのでしょうね。権力やいろいろな物で変わってしまいましたね、残念ですけど。

池田　魂が、お金や名声や地位などのエゴに乗っ取られてしまったんでしょうね。

宗庵　原発は日本に時限爆弾が置かれているのと同じです。何かあったら餌食にされた上に脅しにまで使われます。そうならないように願うしかないですけど。

引き寄せの法則

――出版業界では、「引き寄せの法則」関連書がいまだに売れ続けています。引き寄せのコツは何だと思いますか？

宗庵　「引き寄せの法則」というのは、自分が出した物を自分で受け取るという宇宙の法則です。悪い物を出したら、悪い物を受け取ることになります。両方を教えない限り、「引き寄せの法則」に書かれているようないいことは起こらないのです。ロックフェラー家やロスチャイルド家のように、すべての側面をわかっている人が実現しているんです。「引き寄せの法則」本は、いいことばかり書いているから売れますけど、それを読んだ人がみなさん引き寄せに成功しているかと言えば、そうではないんです。「勘違いの法則」とかあるんですね。

教育も逆の刷り込みです。脳はいいことと悪いことの判断がつかないんです。ただ、思った通りになりますから。現実でも過去でも関係がない。宇宙の法則とは、思った通りになることです。ある方に、「なぜ、いいことを思っていても、悪いことが起こるんですか？」と聞かれたことがありましたけど、思い方が弱い場合や、上とつながっていても自分の中に溜まって残っている部分の浄化が足りない場合などがあるからです。

池田　顕在意識ではなくて潜在意識がどうなのかという点が一番大事ですよね。本当に心の中でその人が思っているのかどうかということがポイントですね。

宗庵　だから、そこが一点の迷いも曇りもなくなったら、その人が思う通りの神的で理想的な型ができます。だから霊格を高めて魂を磨くことが必要なんです。理屈は要らないから、まずは実践です。3次元は、行動すれば現象として起こる世界ですからとてもわかりやすい。行動したはずなのに期待したことと違う結果になってしまった場合、その結果よりも、いい結果を目指せばいいんです。何もやらなかったら、何も起こらないです。行動してもマイナスの現象が起きたら、そのマイナスを少しでもプラスに改善できるように一歩前進をする。それを繰り返して続けて行くんです。要は、実践を積み重ねて継続する人＝ジッセンジャーになることです。リスクは必ずありますが最初の1回だけで、それがずっと続くことは有り得ません。世の中の大成功者と言われる方々は、「宇宙の理」を知っていらっしゃいます。彼らは特にスピリチュアルの世界を意識していなくても、体得されています。

本田宗一郎さんもそういう方でしたね。浜松の町工場から会社を興して、背丈が小さいからみかん箱の上に乗りながら、朝礼で社員に訓示を述べてみんなを鼓舞したんです。「世界のホンダ」を目指し、口に出して、思い続けて、やり続けて。やがてカリスマになられました。ソフトバンクの孫さんも同じです。外からの圧を絶対に跳ね返すという思いは、潜在意識がほとんどを占めていますから。顕在意識の中にある意識体に、天風会の「絶対積極」を入れてあげることです。汚れた水にきれいな水を入れ続ければ、やがて澄んだ水が溢れ出すのと同じように、プラスの現象が起こり始めます。ただ、周囲の雑音があると、迷ったり他のことを考えたりしてしまいます。その他大勢の人たちの言うことを氣にし始めてしまうと、疑心暗鬼になってしまって潜在意識がそこで働かなくなります。迷いや疑いは禁物です。上にお任せしてその通りにやれば、だれでもできるんですよ。

本者は、絶対に上としっかりつながります。いままでに多くの方々とお会いして来て、欲が根底にある人か、それとも本意な人なのかは、すぐにわかります。本意でやっている人でないと続きません。人間ですから善悪の両方は誰でもありますし、神様以外は完璧は有り得ません。僕でも途中で心が侘しくなったりすることがあります。だから、霊性を高めなければいけないし、自分自身にも言い聞かせていることなんです。

エゴの対処法

――人間のエゴをなくすことはできるのでしょうか？

宗庵　エゴはなくならないと思います。

池田　同感です。0〜10の間なら、僕は5くらいのレベルでしょうかね（笑）。

宗庵　僕もそうだと思います（笑）。上に聞いたら、「悪い物があるのは仕方がないのだから、諦めろ。その悪い物にいい物をかぶせればいい」と出ました。たまに弱氣になったりすることがあっても、強氣のイメージを入れて上にかぶせれば氣持ちを取り直すことができます。それしかないんじゃないですかね。消すことはできないです。

船井先生もよくおっしゃっていた長所伸展法がありましたが、かつての吉田松陰の教えそのものですね。悪い部分は治らないんですから、悪いままで良しとしましょう。悪い部分を克服するのではなくて、いい方向一点に焦点を絞って、ただひたすら思うことです。そして、そのための方法を次から次へと考えることです。宇宙の摂理は進歩向上であり、創造であり、建設であり、プラスに作ることです。マイナスは破壊と消滅です。いまの地球の状況は、本来の宇宙の摂理からは大きくかけ離れていると思います。池田さんのお話にもあるように、自然をこれだけ破壊して、添加物だらけの食材や電磁波や薬で身体が蝕まれています。アナスタシアの本の中にも闇の権力や刷り込み教育や悪徳医療について書かれていますね。本来はみんなが幸せになれるはずなのに、権力者たちが勝手に社会の仕組みを構築して大衆をがんじがらめにして、見えない檻の中に閉じ込められているのが僕らですからね。自由があるように錯覚させられているだけで、実はいまの地球人は家畜と変わりませんね。

池田　人類総家畜化です。引き寄せというのは意識を継続させるための手段だと思いますが、僕の引き寄せのコツは「ありがとう」という言葉です。できれば１日に最低でも10回は言いたいです。欲を言えば、他人から「ありがとう」と言ってもらえるような行動も１日に10回はできたら理想的ですね。

宗庵　素晴らしいですね。だから、まずは自分から出すことであって、最初からもらおうとはしないことです。

人生週間予定表

池田　僕は日常生活の中で具体的に「人生週間予定表」を作っています。

左の列に上から主要行事、今週の決意を、さらに自分の役割ごとに今週の目標を書き込みます。

役割１　真実の語り部
役割２　父・夫

役割3　2015年　CA（目標）
役割4　霊的成長
役割5　エッセイスト
役割6　空手道
役割7　刃を研ぐ（己の能力を磨く）

役割ごとに丸番号で目標を設定し、右側の日時の欄に、4－①と記入するわけです。「役割4（霊的成長）の①次週予定作成の時間」という意味です。こうして1週間ごとに自分がすべき予定を書き込んでいきます。これを30年間、繰り返しているんです。

宗庵　そのようにして習慣化することは大事ですね。いまの世の中、その他大勢の周りに流されて生きている人が圧倒的に多いです。池田さんの予定表は自分の内面を強化する働きがありますから、外で何があろうともぶれないでいられます。成功される方々は、みなさんがそのように人生の設計図みたいなものを作られていますね。大きなビジョンから逆算して年～月～週～日へと細かい部分まで俯瞰することができますから、いまやるべきことがしっかりと把握できるようになります。だから、ぶれなくなります。僕も池田さんと同じようにやっています。それを継続しながら、思いがすごくなると実現が早まり始めます。人生の設計図を描くと指針になるので、とてもわかりやすくなりますね。世の中、ボーーッと生きている人が

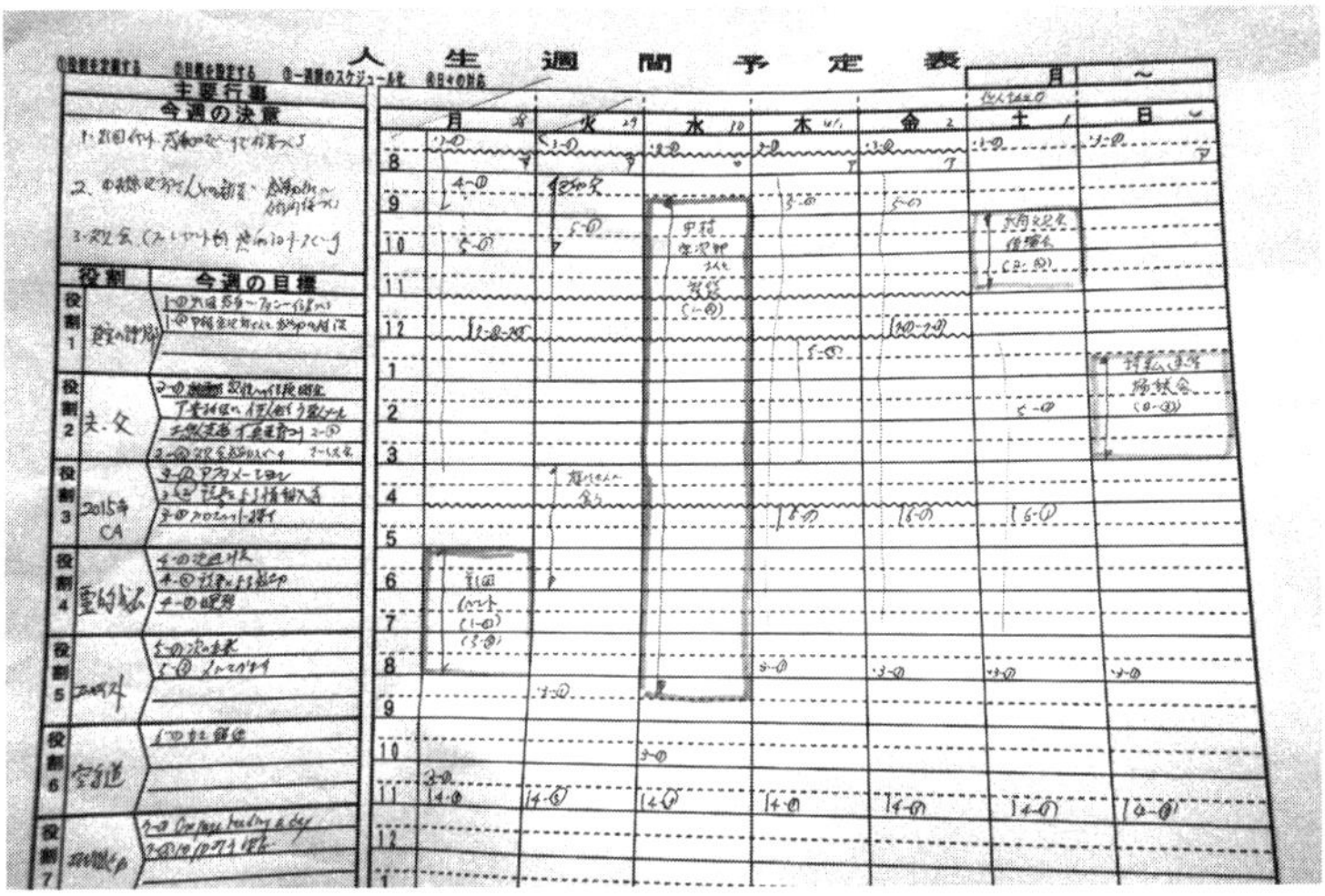

１週間で予定を立てる効用。「いま、何をすればいいか」が明確に分かり、大局的に俯瞰することもできる。

あまりにも多いですし、そういう人たちに限って、その他大勢の間違った考えなどに洗脳されてしまう。マインドコントロールです。立ち位置をしっかりと認識して自分の生き方を決めていたら、そう簡単にはぶれないです。

日本で３万人も自殺者がいることはおかしいですね。それはせっかく上とつながっている御魂を切断することです。

池田　自殺者は実際には10万人いると思います。

宗庵　自殺する人たちの大半には目標がないんです。僕の所に相談に来られた女性が、「生きている意味ってあるんですか？　私、もう死にたい！」と言われたので、僕は「助けられないですよ」と突き放しました。彼女は泣くので、「もう少し生きるという覚悟を持って生きないといけないですよ。あなたは贅沢です」と答えたことがありました。僕は生きたくても難病だから死ぬと宣告された人間です。彼女は普通に生きているにもかかわらず、死にたがっている――贅沢じゃありませんか？　助けて下さった上のお告げがあれば、僕は誰から何と言われようがやり通すと覚悟を決めて生きています。同じ意思や氣持ちを持つ方々とみんなでやればいいので、シャカリキにならずに笑顔でできます。わからない人にわかってもらおうとしてやってはいません。同じような有意の人たちがある一定数に達したら、世の中は良くなる氣がします。

最近は有意の人たちがどんどんと増え始めていますし、彼らに氣づきのキッカケ作りをして下さる方が、例えば船井先生であったり池田さんであったりするわけです。せっかく池田さんを始めとした勇氣ある方々が道を開いてくれたわけですから、後に続く僕らは一氣にみんなで協力してやるだけです。

目醒めの１歩

――人々が目醒めるにはどうしたら良いでしょうか？

池田　真実を知ることで、世の中の本当の社会構造がわかり、人生は何のためにあるのかという確認ができます。家族がいて、社会があり、この2つの機軸の中に自分が存在します。本当のことを知ったら、その後、自分はどうするのかですね。相変わらずに自分はブロイラーのままであり続けるのか？　籠を飛び出て大自然の中で、本当の鳥として羽ばたいて生きていくのか？　自分の後に続く子どもたちが大自然の叡智の中で育つように、家を作ってあげるのか？

宗庵　僕は降参しないことだと思いますね。みんなはすぐ諦め過ぎです。そして、魂磨きです。周りの環境に流されたりする必要はありません。魂は永遠です。今生は一回限りだからこそ、うかうか生きてはいけないんです。

戦争を起こす人間は地球のがん細胞ですし、宇宙の中の他の住人たちはヒヤヒヤして見ているでしょうね。自分たちでは扱いきれない放射能を作るというのは、小さな子どもにライターを渡すようなものです。

池田　そのための材料をこれからもどんどん作ろうとしているんですからね。減らすどころか増やそうとしているじゃないですか。

宗庵　江戸時代のお話にありましたが、一度は糸くずまでリサイクルする無駄のない循環型の世界を極めていたのに、いまは大量生産と大量消費の時代に成り果ててしまいました。廃棄物として、残った物を浄化してくれる地球の自然を壊しているのが人間です。地球も生き物ですから、いつまでも再生能力があるとは限りません。宇宙の中の一つの生命体である地球を自滅させることはできないです。

地球の熱圏を破壊し続ける放射能

池田　我々は地球に住みながらも、実は秒速200キロメートルで螺旋回転しながら宇宙を旅している旅人なんですね。

この旅する地球を有害な放射線などから守ってくれるのが、大氣圏の外側の熱圏と言われるプラズマ帯です。この地球の防護服が壊れてしまったのでさまざまな天変地異が起こっているわけです。熱圏が壊された一番の原因は人間が作ってしまった放射能なんですよ。原発や核兵器が使われる限り、地球の熱圏はどんどんほころんで行きます。

壊れた熱圏を再生するのは酸素です。微生物が豊かな土壌で植物が繁殖すれば酸素も豊かになり、やがて熱圏も修復されます。だからこそ、自然と一体化した元の生き方に切り換える必要があるんです。そうでもしないと、熱圏の破壊がもっと進んでしまい、アッという間に地上の生物は焼き殺されてしまいます。これが一番の問題だと思います。

宗庵　最近は世界中で、人類への最後通告と思えるようなメッセージが、自然災害などを通じた現象として起こり続けていますね。日本のニュースなどでほとんど報道されていないだけです。それでも人類が氣づかず変われないようなら、この世の高いレベルの魂たちだけをどこかに除けてくれるかも知れません。いまは再生ギリギリの状況ですね。

池田　人類自身も共に大きな学びを経験しているわけで、高次元の存在は手助けすることができないんです。僕がある方から聞いたところでは、まだ赤ん坊レベルの地球人類が絶対的にクリアしなければならない課題の一つ目は戦争で、二つ目が放射能らしいです。これらをクリアしたら、地球の文明は次のレベルに進化できるようです。

いま、我々はどちらの方向を向いて生きているのか？　こういう切羽詰まった時に、いくら何でも原発再稼動はないでしょう！　中国でも中東でも戦争の方向に進んで、どうするんですか！　わかった人たちが大きな大和の心で抱き参らせて、エゴに振り回されている連中の心を修正するような方向に持っていかないとダメですね。

松果体も人間の覚醒に関係性があると思います。肉体を通じて魂と直接つながる接点が松果体であり7つのチャクラだと言われていますからね。松果体が詰まってしまうと、宇宙からの霊的エネルギーが入って来なくなります。フッ素も松果体を詰まらせると聞いたことがありますが、オーストラリアでは水道水にフッ素を入れているのですから驚きです。

自分自身の洗脳

宗庵　いまの世の中はとんでもないマインドコントロール社会です。僕はよく言うんですが、誰かが悪いことをした時に、判断はしてもいいんですが、その人を非難したり攻めたり憎んだりしてしまうと、その人の良い行いの部分が見えなくなってしまいます。

僕の相談会で、お姑さんへの不平不満愚痴を延々と30分も話した女性がいました。その後、1分間だけでいいからお姑さんのいい面を挙げて下さいとお願いしたら、彼女は黙ったきりなんです。1分間は短いですから、一つや二つくらいはいい面が出てくるはずなのに、彼女は答えられないんです。誰かを嫌いになると、その人のすべてが嫌いになってしまいます。毎日毎日、その人に腹を立てていれば、最後には「人嫌いの達人」になってしまうんです。

注意しないと自分の思い込みでマインドコントロールをかけてしまうことがあるんですね。

これが、人間が知らぬ間にやっている自分自身への洗脳なんです。たとえば心配症の人は、何も起きていないのにしょっちゅう心配しているので「不安の達人」になってしまいます。それを安心や幸せに換えればいいのに、それはできないと言うんです。

池田　結構、日本人にはそういう人が多いかも知れませんね。

宗庵　そういう方は、霊性が低いのではなくて、単にその人自身の思い込み、マインドコントロールです。上の存在と約束して人間は地球に生まれ出て来ているので、本来ならば悪人や霊性の低い人はいないはずです。霊性を高めるための修行の場が地球なのに、周りに流されて思い込まされてしまっています。嘘も１００回聞かされると本当のように聞こえてしまいます。そのマインドコントロールを外さないといけません。

メディアはマインドコントロールがお好き

池田　嘘を本当のように思わせるのが大半のメディアの仕事ですし、人間はマインドコントロールの影響を完全に受けてしまいます。でも、人間は生まれ出た瞬間には汚れていない魂を誰もが持っているわけで、マインドコントロールで意識を封じ込められているだけです。意識さえ変われば、霊性も一氣に変わります。

宗庵 みなさん、外に影響され過ぎていますが、大事なのは自分の中です。いくら外から圧がかかっても、中の霊性が高ければ外の影響には振り回されません。そのためには、自分の中に自分で圧をかけて魂を磨くことに尽きます。そうすれば負けるわけがありません。闇は光を当てれば消えてしまいます。

池田さんでも僕でもそうなんですが、本当のことを言うと排除されます。権力者たちは本当のことをわかっているので、僕らのように真実を知らしめようとすると、彼らは困るんです。みんなが幸せになってしまうと搾取して甘い汁も吸えなくなりますからね。彼らには「我良し」しかありません。現代の世界人口はいまの三分の一で十分だと言っている人もいるくらいですから。

池田 メディアに掲載されたところで、何も言及されないでしょ。

宗庵 それを疑問に思わなければいけないのに、逆に納得しているような人もいるんです。もし三

現在も初心を忘れず、ひたむきに、そして地道に草の根の活動を続ける。

分の二に入ったらどうなんでしょうか？　三分の一に入っていると勘違いしている人たちが大半です。

池田　一説では5億人で十分とも言われていま す。権力者たちと奴隷的に仕える白人だけが残り、有色人種は入っていない。

宗庵　池田さんの一連のご本を読むと、その部分がとてもわかりやすく書かれていま す。だからこそ、僕は口を酸っぱくして霊性を高める必要性を言い続けているわけです。

池田さんの著書がベストセラーに入るということは、それだけ氣が付き始めている人たちが増えていて伝播している証です。やっぱり、本者は負けちゃダメです！　いつまで闇の側の連中の好き放題な世の中が続くんですか！　本当の真実情報があまりにも潰され過ぎです。だから、池田さんも僕も真剣なんです。草の根で真実を知る人たちの数を増やしていくことです。

　上九一色村の時でも、権力者に都合の悪い事実が発覚しかけたところで、マスコミを操作すれば幾らでも揉み消せました。おかしいじゃないですか！　お金をもらって動いている人たちが多過ぎます。

　マイナンバー制度でもそうですが、管理することは簡単です。個人情報秘匿にしてもあれだけ難しいのに、盗聴法が通ってしまいました。上も空いた口が塞がらなくて介入してくれません。地球人が成長するために、じ～っと見守って下さっていますから。

池田　がん対策法もそうですね。勝手にがんの統計を取って発表したら刑罰があるんですから。これでがんに関して本当のことが言えなくなってしまいましたが、放射能とがんとの関係性がわかってしまうからですよね。

スピンコントロール

宗庵　国民の氣づかぬ間にそういう法律が成立しています。政治評論家の竹村健一さんに次のような言葉があります。

「マスコミが、芸能ネタなりスキャンダル事件を連日連夜、執拗に報道している時は注意しなさい。国民に知られたくないことが必ず裏で起きている。そういう時こそ、新聞の隅から隅まで目を凝らし、小さな小さな記事の中から真実を探り出しなさい」

　これがスピンコントロールで、政府が政権運営、権力維持、情報管理のために行うメディア戦略です。情報統制の基本中の基本で、もはや世界中の国では常識となっている言葉です。米国ではベトナム戦争中の70年代から冷戦末期の80年に、メディア統制のために盛んに語られた政治用語のひとつです。ホワイトハウスの記者会見場は〝スピンルーム〟とも呼ばれ、記者たちが政府のスピンを警戒していたそうです。日本のマスコミが〝マスゴミ〟と揶揄されても仕方がないですね。我々が霊性を高めておけば、このような嘘も見抜けます。

　腸内細菌の世界では善玉菌が15パーセント、悪玉菌が10パーセント、日和見菌が75パーセントいるそうです。日和見とは「有利な方につくこと。形勢をうかがうこと」という意味で、日和見菌を善玉菌の味方につけるためには善玉菌を活性化させるように食生活を工夫すると身体も健康になります。

　人間の世界でも、善人、悪人、普通の人がいて、腸内細菌と似たところがあるように思えます。善人を目醒めた人、悪人を権力者たちとすると、普通の人がその他大勢の一般庶民で最も数が多いんです。この普通の人たちに池田さんの情報などがもっと浸透していけばいいと思います。この大衆の人たちが目醒めてしまうのが怖いので、あの手この手を使って一生懸命にマインドコントロールを仕掛けているんです。

第3章

スターピープルに目醒め、宇宙意識で生きる

アセンション

――アセンションの意味をどのようにお考えですか？

池田　次元上昇という意味で、いまの3次元的な文明から地球が脱皮して5次元の世界に入って行くという意味で考えています。いま、我々はその真っ只中で生きているわけです。

地球は秒速200キロメートルで太陽の周りを回転しながら、銀河系を2万6000年周期で回転しています。銀河系は渦巻星雲で、それ自体が回転しているとともに、大銀河星団を構成する銀河の一つとして宇宙を旅しています。銀河系は渦巻状に回転していますから、その中心部からドーナッツ状にプラズマエネルギーを噴出しています。

1万3000年前、人類が調和に失敗してムーが滅びたとされています。宇宙も進化している過程の中で地球も次の5次元の星、金星レベルの次元の高い星に向かおうとしていて、これがアセンションです。

でも、果たしてどれだけの人たちが地球のアセンションについて行けるのか？　本来ならば人類全員が5次元の人になって5次元の地球文明を築くべきなんです。でも、エゴが強すぎるから現状は難しいですし、そのエゴの最たる物が核問題です。

人間の細胞が60兆個あるように、地球も太陽系も銀河系も大銀河系も宇宙の中の細胞の一つひとつです。広大無限の大宇宙ではちっぽけな地球の中で人間が、宇宙の摂理にはない放射能を作ってしまったことは、宇宙にとってはトラウマかも知れません。逆にこの問題を解決すれば、次の次元にアセンションすることができるんじゃないでしょうか。

宗庵　そうでしょうね。内面的なことで言えば、自分自身の魂の浄化です。この３次元の世界は、中も外も操作が可能です。たとえば、相手を騙そうというような汚れた思いを持っていても、笑顔を繕ってきれいに見せて隠すことができます。

そういう場合でも、自分の魂を磨いて波動を高めることです。潜在意識であり、霊性心であり、上とつながる内在神です。そうして相手の波動に負けない自分を作れば、見破ることができます。飯山一郎さんが太陽凝視をされていますが、松果体が活性化すれば宇宙エネルギーを受信しやすくなります。いまの世の中は、飲食物でも電磁波でも薬でもそうですが、エネルギー体を壊す物が多くなりました。自分を強くしておかないと、外からの悪影響に振り回されてしまいますので、ここを乗り越えて行くこともアセンションです。

アセンションしたところで、世の中の見える物が変わるわけではありませんけど、内面で感じる物や受け取る物は変わります。アセンションできるか否かは結局は意識の問題ですね。

恐怖や不安への対処法

池田　人間は不安を感じる生き物です。不安が勝手に妄想を生んで恐怖心ができて、一歩踏み出す勇氣が出ないとか、極端な場合は鬱になったりしてしまいますね。僕が闇の勢力や金融支配などの話をすると、中には恐怖心で恐怖を呼び込んでしまう人がいます。この対策は、潜在意識の中から恐怖心を追い出してしまえばいいんです。

僕が40代の単身赴任の時、毎晩、瞑想を行っていました。その瞑想状態の中のイメージは、僕自身が地下につながる階段を降りて行くと、そこには扉があるんですね。その扉を開けた瞬間に、いま、自分自身が最も恐怖に感じている場面が浮かんできます。

たとえば、3歳児の私が庭の柿の木によじ登って柿を取ろうとしたのに、その枝木が折れてしまって、ぶら下がったまま泣いている自分が姉に助けてもらった。高い所で感じる恐怖心は、これが原因だったんだと納得できるわけですね。ある時などは、中世の戦いの時代に生きていた自分の場面が現れ、その経験が恐怖心の原因だったんだと納得できたりするんです。そこでは客観的に自分を観られる別の自分がいます。

こういう瞑想を毎晩繰り返すことで、一つずつ恐怖の原因から解放されて行くようになり、最後には恐怖心もなにもなくなってしまいました。私の体験から、悪い潜在意識も瞑想を応用すれば取り除けるようになるということが言えます。

宗庵　先日、東京で開催したセッションにいらした方から電話があり、「肺の状態が悪くて病院に行ったら医者からは即入院と言われました。どうしたらいいでしょうか？」と相談されました。そこで、僕は遠隔治療をして差し上げたのですが、翌日、病院で再検査をしたところ、症状が消えて健康状態に回復し、病院の先生も理由がわからないということがありました。最近は、上の働きが強くなっているので、そういう奇跡みたいなことが起きてしまうんですね。

池田さんのお話の中で不安や心配について語られていましたが、池田さんの真実の情報を聞かれた方がそれを前向きにプラスに活かせばいいのですが、不安や心配や恐怖でマイナスに受け取ってしまう方がいます。情報を受け取る側はしっかりしないといけないんです。池田さんも僕も、真実の情報を出すことで入り口を開けて導いているだけで決して強制はしていないんですね。その方が上がれるか、下がってしまうのか？　その際の受け取り方が大切で、その方の魂の霊性が試されますね。それがアセンションです。

私の周囲でも、途中で離れて行ったり誹謗中傷を始めたりする人がいますけど、残念だしもったいないなと思います。僕のスタンスは、「去る者追わず、来る者拒まず」ですから、一部の人からは、「冷たいよね」と言われたりもするんですけど、僕がその人の替りにはなれません。最後は結局、自分しかないんです。川に馬を連れて行けても、水を飲むか飲まないかは馬の問題です。「飲んでも大丈夫だよ」と言っても、そこで立ち止まっていたりする。「頼むから飲んでくれよ」というのが僕の本心なんですけどね。

ある方が、僕に「出会ってから信じられないくらいに不思議なことが身の回りに起こり始めちゃって。こんなことってあるのかしら?」と言われたことがありました。僕と出会ったからと言うより、その方が元々持っているセンサーみたいなものにスイッチが入っただけなんですね。そして、このセンサーは誰もが例外なく持っています。そのスイッチとは、「なんとなく感じる」感覚の中にあります。

守護神は不動明王

――(対談中、池田さんがカバンの中から何かを取り出し始めた!)

池田　実は、今日の対談のために空手着を持って来たんですよ。宗庵さんがせっかく仕事着の作務衣を着ていらっしゃるので、僕も遅ればせながら空手着に着替えさせていただきたいと思います。なんだか、氣持ちも高揚してきちゃいましてね。

では、少しばかり失礼させていただいて……。押忍！

――（10分後。そこには、純白の空手着に包まれながら全身から精妙なエネルギーを発散させている、サムライ・イケダが！）

池田　押忍！　いや～、恥ずかしながら着替えて参りました！　どうです、空手着でお色直しなんて（笑）。押忍！

宗庵　うわ～！　思わず武者震いしました。やっぱり、違いますね！　オーラで輝いています！　それにしても、池田さんを守護されている存在が先ほどとは入れ替わりましたね。後ろの御方、凄いです。池田さんの場合、大元は不動明王です。不動心を持つ存在ですから、ぶれません。今後も活動を継続される中でいろいろなことがあるでしょうけど大丈夫です。不動明王が泰然自若としながらも、「文句があるなら来てみろ!」という氣迫で立っています。だから、相手が怯んでしまいますし、邪氣や邪心の類を持った連中は入り込めないでしょう。

池田　そうですか。相手の目を見れば、なんとなくわかりますよね。

宗庵　池田さんの守護霊は、導きの役目をする存在や、人と人とをつなぐ役目をする存在など、5体の守護霊が入れ替わっていますね。一番の大元が不動明王です。

スターピープル

――最近、〝スターピープル〟という呼称が浸透し始めていますが、その意味をどう考えていますか?

宗庵　宇宙の使命で生きている人でしょうか。池田さんや僕などは宇宙に使われているんだと思いますね。地球上に生きている人間は誰もがスターピープルですが、意識が雲っている人が大半です。意識に「光」が入らないことには「覚醒」していないわけで、それではスターピープルとは言えませんね。「魂磨き」とは、曇った意識を磨き上げれることです。

現代社会はネガティブなくだらない情報が蔓延していますし、それによって不安、心配、恐怖、疑い、迷いなどを潜在意識に刷り込まれてしまっています。恐怖を感じることで身を守る必要のあった時代もありましたけども、いまは、そういう必要はありません。

僕はよく「魔の波動」と表現していますが、そのネガティブになりがちな意識に「光」を入れることで「覚醒」する導きをするのではないでしょうか。これから増えて行くと思います。上からは、「自分自身の魂磨きができる人しか使わない」と出ています。「魔の波動」を消し切ることが難しいのなら、そこにかぶせればいいです。内心はびくびくしていても、毅然とした態度を見せることも大切です。こちらが弱氣を見せるから相手が付け込んでくるんですから。

池田　過去に、米軍と共同訓練することが何度もあり、会議などにも出席する機会がありましてね。米軍の武器は確かに凄いんですが、軍人たちと個々に接してみると弱々しくて大したことがないなという印象でしたね(笑)。虚勢を張って生きている人間は、やっぱり弱いですね。

基本的にはみんながスターピープルだと思います。宇宙万物すべてのものです。いまの地球人はそれをちょっと忘れ過ぎています。「一刻も早くスターピープルであることに氣がつきなさいよ」というような宇宙からの響きを感じますね。よく、「宇宙人はどこにいるの？」という人がいますよね。何を言ってるんですか、あなたが宇宙人じゃないですか（笑）。

地球だって宇宙の中の一つですから、人間も立派な宇宙人ですよね。宇宙人の心を忘れてしまって、地球だけが偉いんだと勘違いしてしまっていますね。宇宙人は全くの異生物だと勝手に決め付けて、中には敵対心を持ってしまっている人もいるじゃないですか。これでは意識が雲ったままで、現代社会の真実が見えなくなってしまうのも当たり前です。ここの意識が変われば、「な～んだ、みんな同じスターピープルだったんじゃない！」。そういう仲間意識みたいなものをスターピープルからは感じますね。

宗庵　いまの地球人は、スターピープルよりもずっと下の「マネーピープル」ですね。

池田　上手い表現ですね！

宗庵　身体がしんどい時、お風呂に入って全身の細胞60兆個に対して「ありがとうございます」という想いを入れて行くんです。先ほど、池田さんが話された瞑想のお話で、暗い階段を降りて扉を開けて、潜在意識に潜む恐怖心を消して行くということも、とてもよくわかります。前世で積み重なったものは必ずありますから。

池田　瞑想していたら、途中からは過去生ばっかりでしたよ。１ヶ月くらい続けたら、恐怖心がすべてなくなってしまいました。結局、怖がることはなかったんですね。元々は真っ白だったんです。何度も転生を繰り返す中で積み重ねて来た過去の記憶を魂が憶えていて、それに怯えていただけだったわけです。

寝際に意識を浄化する

宗庵　そこの意識のすり替え、浄化ですね。恐怖に感じることも確かにありますが、絶対に焦点を合わせないようにします。天風会の哲学は「絶対積極」ですから、「消極」はありません。ただ、焦点には合わせなくても、やっぱりもやもやとして残っていますから、寝際に「今日も一日、ありがとうございました」と言って、そのもやもやをきれいに浄化してクリアしてしまいます。

池田　確かに寝際はいいですね。寝際で全部を消してしまって、朝、起きた時に生まれ変わるんです。

宗庵　天風会の教えでは、起きている間が顕在意識、寝ている間は潜在意識です。それを逆転するのが寝際です。「寝際に悪い物を残して寝るなよ」と天風先生はおっしゃっています。僕は小さな手鏡を常に携帯していますが、毎晩、寝際には必ずその手鏡を真剣に見つめながら、「お前は信念が強くなる！」と自分に言い聞かせて、そのまま寝ます。全部クリアリングしないことには、不安で悶々としたままで眠れません。そういう状態で寝ると、潜在意識に恐怖が入ってしまいます。最初はぎこちなくても、やり続けているとできるようになります。

僕が難病で余命数ヶ月と言われた時は死の恐怖から逃れられなかったのに、一瞬にして治ってしまったら恐怖心も消え失せてしまいました。よく人から神様はいるのかと聞かれますが、僕の難病が治ったことは神様とつないでいただいたとしか言いようがありません。僕は単に神様から使っていただける道具でしかありませんし、神様とつながり続けるだけの魂磨きは欠かしません。僕がぶれた状態なら関わって下さる方々には迷惑がかかるだけです。上からは常に、「安心と幸せでつなげ。不安や恐怖は絶対に取り除け」と出ます。

池田　中村天風さんは、本当の修行者であり宗教指導者だと言えるのではないでしょうか。僕もいろいろと宗教について勉強してきたつもりなんですが、宗教においての本者と偽者の違いは、トップたる指導者が自ら神と名乗るのか、あるいは単なる修行者の一人なのかの違いです。ほとんどの宗教家は自分が神だと勘違いしていますし、麻原彰晃もその一人です。ある意味でバチカンも同じです。司祭者しか神の声が聞こえないとなれば、それで人々をコントロールできるわけですからね。

宗庵　僕は何度も臨死体験をしましたけど、神というのは、はるか大きな存在です。銀河の大星雲とでもいいますか。ただひれ伏すというのか、お任せを通り越します。自分にはたいして力はなくても、せめてお役には立たせていただけるだけでもと、謙虚さも通り越し、覚悟も勇氣も入って来ます。あの感覚を味わうとなにも怖くなくなって、自分の中に芯が一つ入ります。

宇宙とつながる方法

――誰でもできる、宇宙とつながる方法はありますか？

宗庵　先ほどもお話した、瞑想ですね。池田さんのおっしゃられたことは、エドガー・ケイシー[*1]のアカシック・レコードそのもので、誰でも自分自身の魂の中に記憶が入っています。前世から先までわかりますから。

池田　宇宙を外に求めないことです。瞑想することで自分の中に入り込んで行くと、自分の中に宇宙がある。そことつながるか否かなんです。最初はなかなかつながらないかも知れませんが、瞑想すること自体がとても重要です。心の波動がものすごく高まります。しばらく続けて行く内に、自分の思ったイメージ、あるいは関係ない光景が現れて来るようになります。その光景を楽しめばいいいと思いますね。

宗庵　そのレベルまで到達するのに少し時間が必要な人もいれば、すぐの人もいます。瞑想して一度その境地を体験すると、満員電車の中でもその境地にすんなり入り込めるようになります。

池田　昔、肩を痛めた時、霊的パワーを持ったマッサージ師の方に治してもらったことがありました。目を瞑ってマッサージを受けたんですが、始めの頃に現れたイメージはドブの中のドロドロのヘドロでした。その汚い光景が徐々に変化し、ヘドロが乾いて大地になり、やがて植物が生え始めて一氣に麦畑になり、森林になって行くんです。その光景を上から眺め、きれいだなと感じた時に痛みが治まり治療も終了したんです。イメージに現れる光景によって、その時の自分の心がどのレベルにいるか判断できるのではないかと思いますね。

宗庵　僕らが氣づきを促そうとしたところで、渡すまでしかできないんですね。受け取る方がしっかりとして下さらないと、受け取れる物も受け取ってもらえません。受け取る器は人それぞれですが、池田さんのおっしゃる〝イメージ〟を使いこなせるようになればできるようになります。僕が一瞬で完治したのは、生きる一心でしたから、その必死さが器となって上のパワーを受け取れたんだと思います。上は奇跡を見せたいんです。

地球で大衆をマインドコントロールしている連中は、恐怖や不安などネガティブな低いレベルの刷り込みをすることで人々を搾取しています。変な霊媒師に頼ると「魔の波動」を付けられてしまいますから、くれぐれも注意することです。そういう外からの圧に影響されないためには、自分の内側を磨くことだと思います。魂を磨くと霊性が高まり、その辺りの判断力が備わるので、ひと目で相手を測ることができるようになります。

＊1　エドガー・ケイシー　1877～1945年。アメリカの預言者、心霊診断家。幼少期から霊能力に恵まれ、67歳で亡くなるまでの間、1万4000件以上の催眠透視を行った。

いまの意識が未来を創る

――未来は変えられると思いますか？

池田　未来は人々の集合意識によって瞬間瞬間に変化して行くと思います。残念ながら集合意識への刷り込みがひどいから、そこを変えることは確かに大変かも知れません。そのためには、一人ひとりが覚醒するしかないです。でも、覚醒した瞬間に変わるんじゃないでしょうか。

これは例になるかわかりませんが、3・11の後、ドイツが原発を止めましたね。ドイツが哲学の国でありグリーンコンシューマーの民の国でもあるので、納得ができるんですね。あの（チャランポランな）イタリアでさえ、原発にはNo！と言ったんです（笑）。

だから、日本人だって原発にNO！と言えないはずがないのに、そうではないですね。それほど刷り込みがひどいからです。そこさえ変えられれば、瞬間に変わると思います。日本人の意識が変われば、原発だけでなく世界の核兵器もなくなって、宇宙が一氣に変わるんですよ！

宗庵　日本は世界の雛型です。日本は八百万の神を受け入れるんですが、だからと言ってなんでもかんでも受け入れてはいけないと思います。江戸時代は武士が守ってくれたから安心できたわけで、その武士の強さを自分も身に付けることです。

強さを外に出すのではなくて、来た物を分別して、いい物と悪い物を判断できないといけません。すべてを受け入れてしまう前に、まずは受け止めることです。そこで確認してから、受け入れないと。「日本人はなんでも受け入れ過ぎだ」と、上からは出ます。

行き先に迷う、邪氣と悪鬼

池田　中には邪神という存在もいますからね。それは止めて悟すことで、光の国に引き上げてあげることが大事です。

宗庵　ダメだからと言って引くのではなく、抱き参らせて、引き上げてあげることです。
　源龍でのセッションに来られるお約束の方が、時間になっても見えないことがありました。紹介して下さった方によると、普段は時間に正確で約束を破るような方ではないと言われるんです。確認すると、その方は意を決して2時間かけて店の近くまで来られていたのに、車にはねられて両足を骨折していたんです。その方に入っている邪氣や悪鬼が、私に会えないように事故を起したわけです。会うことで光の方へ上げられるのが怖いのです。

池田　邪氣や悪鬼が、なんとしても行かせまいとしがみついて、そういう結果になったんですね。

宗庵　ご相談にいらっしゃった場合、抱き参らせて上に上げますから感謝されるんです。邪氣や悪鬼は、どこに連れて行かれるかわからないで迷っているから、来ることを拒むのです。

池田　自縛霊になってしまって、良い行き場所がわからないから迷っているんですよね。

宗庵　浮遊霊がたくさん来て大きな大魔王になってガッチリと付いていると、突き破ってでも行くぞと一生懸命近くまで来ても、引き戻されてしまって源龍には来れません。でも、その逆に無事たどり着いて一氣に良くなる人もいらっしゃいます。邪氣や悪鬼は、光の所がいい所なのかわからないんですね。行ってみたらいい所だったとわかるので、感謝されます。

もしも生まれ変わるなら……

――もし来世も生まれ変わるとしたら、どこに転生したいですか？

池田　私はもう一度、この地球で体験してみてもいいかなとは思っています。変化を非常に楽しめますからね。次の段階に行ってしまうと、このような変化はないかも知れませんから。

宗庵　ないですね。

池田　逆に言うと、飽きるかも知れない。次の5次元の世界では、長い輪廻転生をトラウマを取るためにやるんですけども、１０００～２０００年単位らしいです。それだけの年数を同じ人間として続けるとすれば、飽きて来るんじゃないですかね。

宗庵　僕も池田さんと同感です。

池田　でも、好奇心がありますから、地球だけでなくさらに宇宙の奥はどうなっているのか？銀河はどうなっているのか？スターピープルじゃないですが、それは体験してみたいですね！大宇宙旅行的な魂の旅は、ちょっとやってみたいと思いますね。かつてはそうやって、この地球に我々は降りて来たのかも知れないですしね。

――マインドコントロールから脱却するにはどうしたら良いでしょうか？

池田　やはり真実を知るしかないですから、まずは僕の一連の著作の中でも特に、『マインドコントロール』と『マインドコントロール２』、『離間工作』、以上の3冊を読んで下さい（笑）。この3冊でかなり解けるようになると思います。命懸けで書いたので、対話するつもりで読んでもらいたいと思います。

僕は学生時代から読書ノートを作っていて、いまでは数センチの厚さになりました。読書ノートを続けるためには簡単なコメントを書くことを繰り返すんですが、ここで大事なポイントは楽しみながらやることです。私はこの過程で船井先生とのつながりもできました。グラフを作成して俯瞰できるようにしていて、オウム関係で多忙を極めた時期にはほとんど読書ができなかったことなどがわかるのです。仮に80歳まで生きられる場合に生涯で読める冊数の予想がつきます。そうなると、何から優先して読むべきなのかとか、どの空き時間を読書に充てようかとか、ちゃんと計画が持てるんです。

読書は自分の映し鏡

宗庵　読書というのは、自分の内面の映し鏡だと思います。自分に邪心や邪氣があれば、どんなに素晴らしい作品を読んだところで魂には響かないです。池田さんのご本をよく紹介させていただくんですが、中には「あの箇所がわからなかったんですけど」とおっしゃる方がいますが、その場合はわかるまで何度でも読み返すことですね。それが読書なんです。わかるまで読んだら、ひとまずはそれで良しとしていいと思います。みんな歩んできた人生が違うわけです

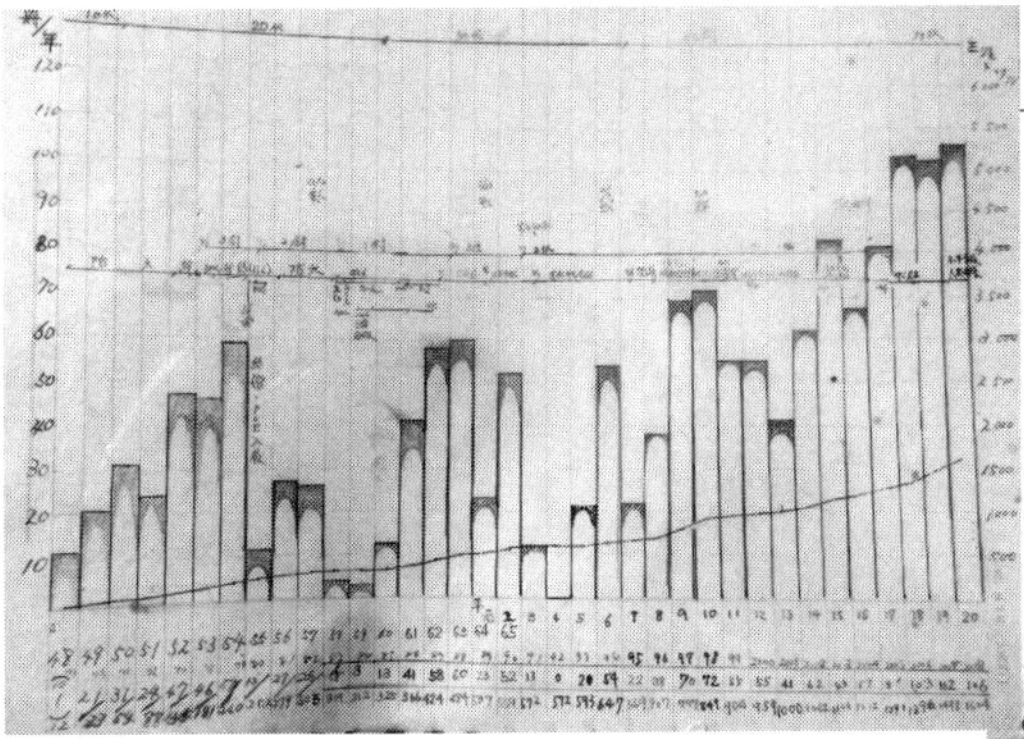

読んだ本の数はグラフを作成して俯瞰できるようにしている

学生時代から作っている
読書ノート

から、読んだ後の受け取り方も感想も違います。何年かして同じ本を読んだ時、受け取り方が違いますし、それは魂の成長を測るバロメーターにもなりますね。だから、読書って素晴らしいです。ただ、薦めはしても強制はしないように注意しています。マインドコントロールを外すには、池田さんの本を読まれるのが一番いいと思いますね。僕はシンプルにしか言いませんけど、人は何かと難しくする傾向があります。読めばいいんです。わからなかったら、2回、3回とわかるまで読めばいいんです。

池田　僕自身、出版した後で『マインドコントロール』を5回は読み返していますね。行間の意味を自分で問い直したり、読者にうまく伝わっているだろうかという確認をしたりもしています。あの当時5刷まで重版したので、多分2万5000部くらいは売れたんじゃないでしょうか。僕の全著作の累計販売部数ですと20万部くらいだと思います。

宗庵　池田さんはこれからますます伸びていかれますね。いまは人々の目醒めが特に速くなっています。池田さんのご本を読むと怖いという人たちには、怖くなるまで読んで下さいと申し上げます。そのくらいの覚悟がなければいけません。わかっていない人は、わかるまでやらないと。怖いという感情が安心に変わるまでは、とにかく反復して読むことです。

消費者の立場を上手に利用する

池田　お母さんが食の汚染の実態を知ることで、自分自身も含めて家族や子どもに何を食べさせたらいいのかがわかります。そうすればやがては世の中も変わっていきます。最初は少数かも知れませんが、真実を知ったお母さんがどんどん増えて行けば、売る側も安心安全な物しか作れなくなってしまいます。消費者はお金を支払う側なので、その力を上手に行使することがポイントです。そうすれば、頂点である日本政府も変わらざるを得なくなります。それが実は一番手っ取り早い社会変革だと思います。真実に目醒めた人が少なく大衆は目醒めていないので、いままでは一部の権力者も面白いようにコントロールできてきたんです。

でも、これだけインターネットが発達して情報を共有できる時代ですから、もう彼らの手の内も隠せなくなりつつあります。大衆が目醒めてしまえばコントロールは無理です。大衆の方が圧倒的に人口が多いんですから。大衆が本当に目醒めてしまったら、一瞬で世の中は変わるんじゃないですかね！　実は簡単なことかも知れません。

宗庵　おっしゃる通りです。搾取して甘い汁を吸えなくなるのが怖いから、彼らは必死でもがいています。池田さんや僕なども世の中の真実を伝えていけばいくほど、彼らは困る。だから、これからは誹謗中傷がもっときつくなることは覚悟しなければなりません。

池田　大衆をコントロールして統制したい連中は、権力に抵抗する側にわざとスパイを混じらせて、そこから情報を収集したりもします。諜報の世界ではスリーパーとも言われます。真面目で良さそうな人の中に、そういう工作員がいたりするものです。連中は躍起になっていますけど、僕は淡々と「来るならどうぞお越し下さい」。ただ、それだけです。

宗庵　以前、源龍会や僕が中傷され、そのことで会から遠ざかってしまったメンバーもいました。ただ、覚悟のある人はビクビクしないで次のステップに上がって行きますから、かえって良かったのかも知れません。源龍会のメンバーも、設立した頃からだいぶ少なくなったなと思った時期に、今度は他の人たちとつながり始めたんです。上はちゃんとそういう形で見せて下さいますね。本者は微動だにしません。

池田　ガイア（地球）も人類に対して、「これでも氣づかないのか！」といい加減に痺れを切らしているらしく、氣づきを早めようとしているみたいですね。「２０１６年の春以降には、もっと厳しい氣づきを人類に与える」という警告を受けた知人が何人もいらっしゃいます。ガイアが我慢できるのは夏頃までかも知れません。人類の意識がその前までに変わっていれば、起こることも一氣に変わるんですけどね。

宗庵　さっきもお話がありましたが、未来ですよね。いまのこの時点で未来はわかっている。でも、天氣と同じで、刻々と変わるんです。未来が良くなるのか、悪くなるのかは、いまにかかっているんです。

宇宙意識で生きた巨星　中村天風

――こういう時代だからこそ、もう一度、中村天風さんの教えを学び直さないといけないのではないでしょうか？

宗庵　はい。中村天風先生ですが、1876（明治9）年に東京で生まれました。16歳で政治結社である玄洋社の頭山満[*1]のもとに預けられ、日露戦争の軍事探偵（諜報員）となり満州へ赴きます。帰国後、肺結核を発病しますが、アメリカへ渡りコロンビア大学に入学し、自律神経系の研究を行って医学博士号を取得します。ヨーロッパで数々の著名人を訪ね、日本への帰路、経由地のアレキサンドリアでインドのヨーガの聖人であるカリアッパ師と邂逅するとそのまま弟子入りします。この修行を通じて結核はすっかり治癒し、悟りを得るに至ったとされています。インドから日本へ向かう途上で孫文の起こした第2次辛亥革命に巻き込まれ、そのまま「中華民国最高顧問」として協力したりもしています。その後、「統一哲医学会」（現在の天風会）を創設すると、街頭で心身統一法を説き、政財界の実力者も数多く入会しました。

1968年、92歳の生涯を閉じられました。

僕は天風先生が大好きです。

ある時、私の相談会にいらした方が、「私の大好きな誦句があるから、これを差し上げます」と渡して下さったのが、天風先生の手帳でした（155ページ写真）。彼は「私はこの手帳の中にある、『力の誦句』が大好きなんですよ」とおっしゃられたんですが、実は僕もその「力の誦句」をすでに丸暗記していたんです。その方の前で「力の誦句」をすべて唱えたら、彼が驚いた様子で「天風さんの誦句を素で全部唱えられる人は初めてですよ」とおっしゃられました。

それがご縁で尾身先生をご紹介していただき、高知にいらした時に初めてお会いすることができたわけです。その時、尾身先生が「愛媛県で天風会を立ち上げてみてはどうですか」と言って下さったんですが、お断りしようと思って尾身先生の目を見た瞬間、「はい、やらせていただきます」と答えてしまったんです。尾身先生に付いていた背後の存在が、僕に有無を言わせなかったんだと思いました。2015年2月11日に天風会神戸賛助会・愛媛の集いを立ち上げて1年が経過し、賛同して下さる会員の方も100名以上に増えました。「力の誦句」がこのご縁をつないでくれたんですね。

カリアッパ師との出会いは天風先生の人生に決定的な影響を与えました。

天風先生が140歳のカリアッパ師に連れられて、ロバに乗りながら山道を進んで行くと、そこは断崖絶壁の千尋の谷です。天風先生はカリアッパ師に、「先生。ロバが暴れてこの谷に落ちればどうなるんですか？」と問うと、カリアッパ師が「何の必要が？」と答えられたそうです。いま山道を進んでいるのに、どうして断崖絶壁の千尋の谷を見て恐れることがあるんだということです。どういうことかと言うと、安全に歩いている道ではなく、落ちれば死ぬかも知れないと谷を見れば、そのことで弱氣になってしまうということなのです。

カリアッパ師「なんだ、おまえのその弱氣は！自分の病氣が治らないことにいつまでクヨクヨと悩んでいるんだ。ちょっと、お前の手を出してみろ」

そう言うや、師は連れて抱えていた子犬の脚を小刀で切ると天風さんの腕も切るんです。

カリアッパ師「お前と子犬と、どっちが先に治るか競争だ」

それからも天風先生は毎日のように痛みを訴えながら愚痴るのですが、子犬は傷口をペロペロと舐めるだけです。結果、子犬は１週間できれいに治ってしまったのに、天風先生は全く治っていなかったんです。

カリアッパ師「なんで子犬が治るか、お前はわかるか？」

天風「私は子犬じゃありませんから、わかりません」

カリアッパ師「おまえのその屁理屈が駄目なんだ。いままで何を考えていたんだ」

天風「なんで傷つけられなければならないのか？なんで治らないのか？そんなことばかりしか考えていませんでしたけど」

それからは、師の元で修行を積み、後の心身統一法を編み出すんですね。中でもクンバハカはとても難しかったらしく、軍事探偵の特殊訓練を受けた人や、ヨガを学んだような人でないと習得ができなかったそうです。

天風先生がヒマラヤの雪解け水の流れる場所でずっと座って瞑想しながら、クンバハカの習得に必死です。

カリアッパ師「天風、おまえ、できたじゃないか」

天風　　　「ありがとうございます！」

と立ち上がるものの、
カリアッパ師「ん？　いや、やっぱりできていないな」

天風先生がふたたび瞑想していると、
カリアッパ師「今度はできたじゃないか」

天風　　　「ありがとうございます！」

とふたたび立ち上がると、
カリアッパ師「ん？　いや、やっぱりできていないな」

これを延々と繰り返すんですね。

GHQの女性通訳が天風先生を訪ねて来たエピソードがあります。天風先生が彼女にクンバハカを実演して見せると、彼女は難なくできてしまいました。彼女は感激のあまり天風先生に頬ずりするんです。なぜなら、彼女は3年もクンバハカを学んだのに習得できなかったからです。クンバハカは、ヒマラヤの山麓で天風先生が修行された密法です。肛門を締めて、肩の力を抜き肩を下げ、下腹（丹田）に力を充実させることで心身が見違えるほどに健康になります。天風先生は出し惜しみせずに、大衆にもちゃんと教えられた方です。

僕は難病から助かった後で奇跡のパワーを授かりました。その後も奇跡が続けられている理由の一つが、このクンバハカなんです。天風会の教えにはほかにもたくさんあって、僕もまだまだ修行の途上です。池田さんとお話させていただいて感じることは、「一緒だな」ということですね。よく人から「どれが本当ですか？」と質問をされますけど、どれも本当なんです。お釈迦さんでもキリストでも、上は一つです。我々の受け止め方が違うだけのことです。

池田　天風さんの本を読んで感動したことは、まさに精神的な面での「日本人の指導者」と思えたことでした。日本で指導者と言われている方には、是非、読んでいただきたいですね。日本の魂を具体的に解説されている原典とも言えると思います。彼は多分、当時の日本の首相クラスの方々も指導されていらっしゃったんじゃないでしょうか。現在の日本で天風さんレベルの指導者が果たしているのだろうか？　もし、そういう指導者がいらっしゃるのであれば、植民地主義的なことではなくて日本人のために、あるいは、地球のために腹を据えた政治家がいてもおかしくないんじゃないでしょうか。いま、天風さんのような精神的な指導者が日本では消滅しかけているんじゃないのか。ここが根本的な問題ではないかなと感じました。

宗庵　天風先生はロックフェラーから何度も誘われたのに断り続けて、最後には相当な金額を提示されたにもかかわらず、それでも断ったそうです。

池田さんのホメオパシーのお話がありましたが、天風先生の教えは当時の究極のホメオパシーじゃないですか。あの心身統一法で自然治癒力を活用して、次から次へと人々を治して幸せに導かれたわけですからね。クンバハカにしても自分だけの独占にすることもなく、その秘儀を誰もが習得できるように組み変えて公開されましたね。それでお金儲けをしようとすれば幾らでもできたにもかかわらず。天風先生はまさに宇宙意識で生きた方だと思います。そうでないと、あれだけの功績は残せなかったのではないでしょうか。かつては日本にもこういう方がいたんですよ！　同じ日本人として、そこに誇りを感じてもらいたいですね。

＊1　頭山満　1855～1944年。玄洋社創始者。孫文の中国革命、フィリピンやインドの独立運動などを援助し、金玉均、ラス・ビハリ・ボースら亡命政客を保護した。右翼の巨頭ということで戦後は抹消されていたが、再評価する動きが高まっている。

日本人の海外移住の可能性

――東日本大震災発生から6年目に突入しました。ところで、今後の日本人の大量移住の可能性について、どう思われますか？　かつて、首相官邸が真剣に首都圏３０００万人の移住を考えて、中国やロシアに打診したそうですが。

池田　現状の放射能汚染がこのまま改善されず、再核融合の危険な状況になって、国民がその真実を知って、このままでは生きていけないということになれば移住の可能性はあるでしょうね。すべては状況次第だと思います。今後、放射能汚染の被害状況をなるべく下げられるような状況になることは可能なのか？　そのためには、放射能を出させないために福島の原子炉を海に沈めるしかないわけです。あるいは、もしかすると地球の摂理による大地震によって海に沈められる可能性だってなきにしもあらずです。いずれにしても、そうなってしまったら東日本に人は住めなくなりますし、その場合の受け入れ先の可能性として、移住は有り得ます。日本人全体の集団意識で何をするかということで変わる可能性はあります。

放射能対策としてプラズマという技術があるわけで、それを国家が総力をあげて全力でやることです。簡単に言えば、プラズマで放射能を鉛にして無害化してしまう。そちらに集団意識が向くかどうかです。

宗庵　危機感がないですよね。いくら原発で恩恵を受けていようとも、それを続けていればやがて自分たちの住む場所もなくなるわけじゃないですか。チェルノブイリの原発事故の後でウクライナやベラルーシがどういう状況になったのか、前例があります。

本体の地球がなくなって住めなくなったら火星移住という話もありますが、いま生活させていただいている地球を汚すばかりで他の動植物と共生さえできない連中が他の星に逃げたところで、またそこで同じことを繰り返すだけです。上からは「おまえたち、何度繰り返すんだ！」と出ています。いま、地球上の人口が73億人ですが、過去生で何度も失敗したやり直し組みが私たちの大半だそうです。でも、日本にはレベルの高い転生組が多くいるようです。

せっかく上が人間のために恩恵を与えて下さっても、受け取る側の人間の大半がしっかり受け取れていません。なにがあっても大丈夫なのに、大丈夫じゃないというブレーキをかける人たちもたくさんいます。人口削減をしようとしている権力者たちよりも、マインドコントロールされて氣がつかない被支配階級の大衆の方が圧倒的に多いんですから、大衆がもっと氣がついて、「我良し」から「皆良し」に意識をシフトしないといけません。かつての縄文や江戸の時には、人々はそういう意識で生きていて、循環型の生活がちゃんと機能していたんですからね。地球は人口が増えても養えるだけの力をまだまだ持っています。

池田 そうですね。地球は１００億人でも２００億人でも本当は養えるはずです。
ところで、その中国やロシアへの３０００万人移住説ですが、問題はそれだけ大量の人間がどうやって海を越えて移動するのかということで、私は不可能だと思います。飛行機で何往復して何日かかるんですか。本当にサバイバル状態になったら何人かは行くのかも知れませんが、３０００万人が整然と移住するということは有り得ないでしょうね。そのような移住を考えるよりも前に、それが起こらないような意識を持っていかに対処するのかということが、大切なポイントだと思います。

宗庵　そうですね。戦争にしても、「なくす」というより平和でいるという方に意識をフォーカスすることです。悪い方にフォーカスするのは「魔の波動」で、神の側には絶対それはないです。思いだけでも「光の波動」にシフトして欲しいのに、「魔の波動」にシフトしてしまう人がどうしても多いんです。それでは、「魔の波動」の思い通りにされて、餌食にもされてしまいます。

池田　たとえば、みんなの意識が高まり、原発は止めてフリーエネルギーを活用しましょうとなった瞬間に、それまで原発に投資してきたお金を、廃炉や福島の惨状を収縮する方向に投入できるわけじゃないですか。日本にいるたくさんの天才科学者や技術者たちにそのお金を廻してプラズマを作ってもらえば、もしかしたら瞬時に解決してしまうかも知れません。

宗庵　地球上の人類をマインドコントロールしている連中は、いったい何のためにそんなことをしているんでしょうかね。

池田　そういう連中は火星に逃げたものの追い返されたという話もありますね。火星は5次元の世界で、3次元の低い精神レベルの人間はいらないと追い出されてしまった（笑）。彼らはロッキー山脈の地下都市に生き延びようとしたのに、それさえも破壊されて住めなくなったという話もあります。だから、連中は逃げ場所がなくて慌てふためいているみたいです。彼らも意識を高めない限りは、生き延びられない時代になりつつあると思います。

宗庵　ナポレオンが生きていた時代の頃から、いまのような刷り込みが始まっていたわけです。両勢力にあらかじめお金を渡しておいて、どちらが勝っても負けても儲かるように仕組んでいたじゃないですか。それがいまでも続いていますし、そのカラクリに氣づいている一般の大衆の人数が少な過ぎます。

――日本人がここまで劣化してしまった原因の一つは、メディアにもありますね。

池田　ええ。権力者のやり方はとても巧妙です。たとえばメディアを買収して嘘を3回も言えば真実になってしまいます。金を奪うためには、中央銀行を作って印刷した紙幣を政府に貸し出した利子で儲けます。政府は利子を払うために何をするかというと、税金を上げるわけです。この収奪体制が完成していまも続いているんですね。

ある船長の告白

――日本のマスメディアが報じるリビア、キューバ、イラク、北朝鮮などの情報の信憑度はどの程度のものでしょうか？

池田　ギャップはかなりあると思います。支配層は資源の中でも特に石油を収奪して来たと言えます。欧米の白人が世界中を植民地にしたのに、日本人が頑張ってその植民地だった国々を独立させ、その機運は他の国々にも飛び火してどんどん独立して行きました。そして、メジャーの海外石油資本をも追い出したわけです。その好例がリビアのカダフィで、彼は石油会社を国有化してメジャー系をすべて追い出した。その豊富な原油から得られた利益で、医療費から教育費などをかなりの範囲で無料にしたわけです。要するに、江戸時代をさらにパラダイス化したような国家社会、いわゆる地上天国を現実に地球上に作ってしまったんです！　追い出された石油資本にとってカダフィは癪にさわる邪魔者ですから、メディアを使ってカダフィを悪魔のように仕立てて印象操作をして世界中に喧伝し続けましたね。カダフィが築いたリビアの素晴らしい事実が世界中に知られて広まってしまうと、権力者は世界を搾取できなくなってしまいます。

ところが、最近は人々が目醒め始め、どちらの情報が真実なのかということに氣がついた人たちが増え始めています。イラクのアルジャジーラというインターネット放送局がありますが、西側メディアとアルジャジーラではかなりギャップがあります。

タンカーの船長なども勤めたことがあり、貿易関係のお仕事をしていたフィリピン人の方が、湾岸戦争の時にアメリカ軍が占拠していたイラク国内の石油施設からタンカーに石油を積み出してアメリカの石油メジャーに運ぶ仕事を任されたそうです。当時の世界のニュースでは、フセインは悪魔でイラクは悪の枢軸国と伝えられ、アメリカを始めとした多国籍軍が正義の味方として戦っていましたよね。彼はいまはオーストラリアで貿易の仕事をされていらっしゃいますが、「あの時にイラクで仕事をしたお陰で、世界の報道がいかに捏造されているのかがわかりましたよ」としみじみとおっしゃっていました。

これが世の中の真実です。でも、日本は相変わらず植民地で、情報も彼らの支配化にあるわけです。嘘の情報だけが流されて正しい情報が伝わっていません。もし、正しい情報が正確に届けば、そこで人々は「本当にこれでいいのだろうか？」と考えると思うんですけどね。

宗庵　彼らの情報操作は巧妙です。嘘の中にも少しの真実を混じらせたりして、どれが真実かわからなくさせています。本当の情報が嘘だと思い込まされて、嘘の情報が最後には本当になってしまいます。情報については、なんでもかんでも信じるのではなくて、本物と偽物との見極めをしっかりとしてもらいたいです。あとは、魂の浄化です。

僕はよく申し上げるんですが、いくら奇跡が起こせたところで、僕は神様でもなんでもないということです。難病や奇病などでも僕が治しているわけではありません。誰もが内在神を持ち、潜在意識の中にそのパワーがあります。見えない物の中にもすごいパワーがあるということをわかっていただきたいです。そのためには自分自身を信じて下さい。

池田さんのご本に書かれていることなどでも、恐怖で受け取るのではなくて、その情報を得たら次に何をどうすべきなのかを考えて実践する。行動すると必ずそれに賛同してくれる人たちが現れて来ます。真実を伝えるために行動されていらっしゃるにもかかわらず、世の中には知られていない方々がたくさんいますので、そういう有意な方々のお手伝いもして行きたいです。彼らはそれぞれにブレーンをお持ちですから、その横つながりのネットワークをどんどんと広げて行きながら、人間としての本当の幸せや満足感を味わって欲しいですね。早急にそのつながりの輪を作らないといけません。

池田

僕は毎晩、愛犬のハッピーの散歩を終えて最後に必ず立ち寄る場所があります。それは、氷川神社系列の小さな神社で、地元の人たちもほとんど参拝されていないような寂れた神社です。そこでいつも次のように祈るんですね。

「宇宙の進化に伴って、やがてこの地球が5次元へアセンションしますから、どうか無事にそれが成功しますように。そして、その先駆けである日本人が大和の心を思い出してくれますように。大和ごころ蘇り！　そのために力を使わせていただきます。今日も1日、ありがとうございます」

常にそのように祈ってから、散歩を終了します。ひとことで言うならば、大和ごころの復活ですね。その大和の復活こそが、いまのこの文明を救うと信じています。

——お二人の対談はまさに夢の対談だと思います！

宗庵　本の出版を楽しみにしていらっしゃる方が僕の周りにはたくさんいます。

池田さんはホームページはどうされているんですか？

池田　ホームページ立ち上げは僕の最初の勉強会に参加して下さった方が無償でやって下さいましたので、そこに記事や写真を入れる作業が自分ですね。本当にありがたいことです！

宗庵　僕もホームページを立ち上げる時、パソコンは苦手だし忙しいので自分には無理かなと思いました。上に尋ねてもすぐには答えは降りなかったんですが、しばらくしてから、「自分にはできないと手を挙げよ」と出ました。僕はそれまで自分ができないということをアピールす

新たな地球文明の到来を願いながら、大和ごころの復活を祈る。

ることはマイナスなので、してはいけないと思い込んでいました。結果的には、できる人たちが何人も現れて替わりにやって下さるようになったんです。３次元の世界だからアピールが大事だったんですね。発信しないことには、何も起こりませんね。

池田　そうですね。僕の最初の勉強会の時も、終了した後の宴会の席で隣に座られた男性がパソコンやネット関係のお仕事をされていることがわかり、僕はホームページを作りたいと思っていたことを打ち明けたら、彼が手を挙げて下さったのでそのままお任せしたんです。宗庵さんと同じで、引き寄せですね。

宗庵　はい。上の通りにすれば、人間の感じる些細な不安や心配なども消し飛んでしまいます。何かをしたいと感じたことが実現するまでの時間を早めるには、上を信じ切ることと、自分自身の内在神を信じ切ることです。自分の思いにつなげたのに上につながらないというケースは、潜在意識のどこかに必ず不安や心配が潜んでいるからです。僕の場合もマイナスの思いをなくそうとしてもできなかったので、その上にかぶせてみたら上手く行くようになりました。それ以来、マイナスを消去したり克服することにエネルギーを浪費することがなくなりました。

池田　完全には消せないですよね。

宗庵　はい。そして、最後の締めは言葉に出すことで完結させます。たとえば、しんどい仕事を終えた後で、「きつかったけど、よく頑張ったな」というように、プラスイメージの決定を入れるようにしています。上からは「先に決めろ」と出ます。僕は奇跡的に助けられて以来、何事も先に決めるようにして来ました。自分に起こることはすべてが幸せであると決めています。起こることはすべてを感謝に変えると決めています。一方で、昔はそうではなかったんですが、なんか「モヤッ」とすることが起きるようになったんです。それはつまり、上からの「違うぞ！」というサインなんじゃないかなと思っているんです。そういう場合は丁重にお断りさせていただくようにしています。ちょっとでもモヤモヤとしたら、止めるんです。でも、僕のやり方を人に話しても常識的ではないから、信じられない人は離れて行きます。

逆境も神様のお試し

池田　それはよくわかりますね。僕が現職の時に『マインドコントロール』を出し、組織内で要注意人物と思われましたから（笑）。その結果、離れて疎遠になった人と、逆に親しくなった人とにハッキリと分かれる現象が起こったんです。退職後、いまでも家族ぐるみでの付き合いが続いているのは幹部クラスよりも下士官兵クラスの人たちなんです。幹部クラスの人たちは試験勉強に長けていて競争社会の中では人を蹴落として来た人が多い。出世のために彼らは点数が下がるようなことはしたくないんです。僕みたいな危険人物とは仲良くなったところでメリットがないですし、できれば早く排除したいわけです（笑）。

宗庵　既得権益の人たちにはその傾向がありますね。やっぱりしがみついてしまうのは、それを外されて失うのが怖いんでしょうね。

池田　現場で部下を率いながら、一緒に命を懸けて災害派遣に行っているのが下士官兵です。そういう立場の連中は、僕みたいな危険人物でも慕ってくれますし（笑）、一緒に空手をやって汗を流したりもします。彼らは、「万が一の時は池田さんに協力させていただきます！」と言ってくれています。だからと言って、別にクーデターをするわけではありませんけどね（笑）。そこまでの信頼関係でつながっています。

宗庵　素晴らしいですね。初めて池田さんの講演を聞いた時、悠人さんを始めとして、集われていた方々はみなさん光り輝いていらっしゃって、邪氣のある人は一人もいませんでした。

池田　あの時は観自在寺の住職さんの奥様もいらしたんです。

宗庵　その住職さんの奥様から池田さんの死にかけたお話を聞かされたんですが。

池田　ええ。僕が2歳の頃に食あたりで腸がおかしくなって医者もお手上げでした。それでも、村の30軒近い各家庭から一人ずつ代表が集まり、順番に観自在寺まで13キロメートルの山道を歩いて行って僕の無事を祈って下さったそうです。全員のお参りが終わったら、僕は一命を取り止め助かっていました。

自然との対話を大切にしながら微生物を活用した農業に取り組む、池田悠人氏。

弘法大師により人々の病根を除く祈願がなされた平城山観自在寺（愛媛県愛南町）。幼き池田整治氏も奇跡的に一命を取り留めた

宗庵　そのお話を聞かされて、ビックリしたんです。

「岡原君、君は生きていたのか！」

宗庵　池田さんのご実家の田んぼは、ここ何年かであれだけの規模を築かれたんですか？

池田　おやじが戦後に帰省して、あそこまで作り上げました。愛媛県を代表して高松宮殿下が総裁をされている農業功労賞を受賞もしました。

　少し話がそれますが、高松宮殿下が妙高という重巡洋艦に乗船されていた時、海軍にいたおやじは殿下に天候などの報告をする伝令をしていたんです。農業功労賞の授賞式で表彰を受けに行ったら、殿下が賞状を渡して下さったというのです。その時に殿下が、「岡原君、君は生きていたのか！」と声を掛けて下さったそうなんです。岡原とは養子に入るまでのおやじの姓です。30数年ぶりですが、ちゃんと憶えていて下さったわけで、とても感慨深いものがありましたね。

宗庵　いや〜、いいお話です。悠人さんの田んぼですが、土地の波動がものすごくいいんです。一緒に田んぼを見に行った方はいろいろと農作物を作ってもどれもが失敗続きだったと嘆いていました。その方は不安、心配、疑い、迷いなどのマイナスの波動をお持ちでしたので、それを外すように勧めました。素晴らしい波動はすべてがつながっていない限り、この3次元の世界では出すことは無理ですね。

池田　最初は湿地帯でしたから、水が滝水しやすいように竹を埋め込んだり、僕もおやじと一緒に基礎作りの作業などはやりました。いまは悠人がEM菌や神谷農法を取り入れて農業に活用しています。彼は野球しか興味がなくて勉強は全く嫌いだったのに、大学を中退して農業を始めたんです。

宗庵　悠人さんは外見は穏やかですが、内側が素晴らしい。信念を持っています。

池田　20歳で誰も住んでいない廃屋同然の家に移り住んで、農業を始めてしまったんです。途中で諦めて戻って来るのかと思いきや、住民票も移して定住しちゃいました。全国からも見学者がたまに来られています。船井先生系列の講演会ではスピーカーゲストへのご依頼もいただいて、ありがたいことです。僕が話すのかと思ったら、悠人でしたけど(笑)。
　彼は他人の心を理解して人間関係を上手く作る能力は高いと思います。勉強はあまりできなかったんですが、人の悪口は絶対に言わずに良い部分だけしか伝えない子です。それは人間の基本かも知れないですね。

幸運が逃げて行く人たち

宗庵　覚悟ですね。いい言葉は覚悟しかないです。この世の中、その他大勢はみんなが人の悪口を言っていますし、本人のいない所ではもっとひどいことを言いふらします。

池田　少なくとも、その人がいない時にその人の悪口は言わないこと。これは最低限の原点です。

宗庵　商売されていらっしゃる方の中にも、お客さんの良くない噂話や悪口を言う人がいる場合、お伝えするんですね。陰徳と同じことで、見えない時の波動は強いです。お客様からお金をいただくんですから、陰口は良くありません。
　自分の持ち物、住む場所、関わる物事は、どれもすべてを褒めることです。それも最高級に褒めるんです。それには覚悟が必要です。陰口や悪口が好きな人に運は向いてくれませんね。その逆をすると、運は向いてくれます。なぜなら、上はすべてを見ているからです。あなたと、あなたの上は見ているんです。私と、私の上には見られているんです。どこに行こうとも、お見通しです。実体のある人の目はごまかせても、実体のない上はごまかせません。

池田　悠人と草刈をした時、隣りのおじいさんが手伝って下さったんですが、最初からやる氣満々で嬉しそうなんです。それを見た時に、20歳の悠人が80歳の人生の大先輩としっかりした人間関係を築いていることがわかって感心したんです。僕にとってもいい教訓になりましたね。

宗庵　上は「見えない物を使うのは神ぞ」と教えてくれますね。それはたとえば、ご縁だったり、感謝だったりです。それを作らない限りは何も成功はしないし、実りません。だから、源龍を始めた時、当初は誰も来客がありませんでしたから僕もそれを使いました。上は「見えない物を使えない者に、見える物を渡したところで、すぐに失う」と教えて下さいます。源龍会で会員がたくさんいたのに急に激減したような場合でも、「腐るな。いまが氣づく時ぞ」と教えて下さいます。僕が何度も何度も死にかけたのに、助けられたことも、自分が氣づかなかったからです。その後、痩せて研ぎ澄まされていた頃は、周囲からも怖がられて、国内の一の宮やパワースポットなどを上の指示する通りに廻らされました。周囲からは頭がおかしくなったと揶揄されたりしたものです。何だかわからずにガムシャラに動かされて来たら、最近は型らしき物が出来上がって来たように感じています。これが僕のお役目なのかも知れません。

僕は雇われ料理長だった頃、横着で偉そうにしていましたし、人を押しのけて生きていましたから、やっと、本当の自分の生き方が見つかったのかなと思います。

悠人さんとお会いした時、彼の背後が光り輝いていたので、役割を見つけられたんだろうと思います。後ろが光っている人というのは、そういう傾向があります。年配者なのに光っていない人もいれば、若者でも光っている人もいます。悠人さんは見るからに楽しそうなんですよ。それがヒシヒシと伝わって来ましたが、そこが大事ですね。

池田　確かに楽しくやっていますね。

宗庵　草の根なんです、本当に。僕も行く先々でいろいろな方々に助けていただいて、いまの自分があります。

沖縄は霊性が高い土地柄ですが、過去に何度か地元のローカルFMラジオ局の番組に出演させていただきました。番組パーソナリティの嘉味田朝子さんは高岡賢次さんからご紹介していただいたんですが、とても素晴らしい女性です。この対談本が出版されたら、池田さんも一緒に参りましょう。お互いにコラボしたら、もっと大きな旋風を巻き起こせるような氣がしています！

池田　そうでしたか。いや〜、楽しみですね。ありがとうございます。是非、一緒にやりましょう！

「ま、いっか……」

宗庵　上は、「確認しろ。お前だけでなく、相手も周りも関わる人たちすべてだ」と伝えて来ます。理想的な形を必ず確認することです。池田さんもいい形ができれば、悠人さんもいい形になるじゃないですか。みんながいい形になれるようなお手伝いみたいなことを、僕はこれからもたくさんやって行きたいんです。
　僕が余命宣告された時、料理長時代に関わった人たちがほとんどが離れて行きました。名誉や地位なんて吹いて飛ぶものだと痛感したんですよ。

池田　それはよくわかりますよ。僕もこういう活動を続けて来た過程でいろいろなことがありました。現職時代、僭越ながらも同期の中では恵まれたポジションにいました。ところが、『マインドコントロール』を己の信念に従って出版したら、昇任が停止されてしまいました。内示が来ていたにもかかわらず、取り消しです。
　誰かが外された空席には他の誰かが入るわけで、僕も「ま、いっか」と氣を取り直しはしましたけどね。

宗庵　僕は命をいただいた通りの奇跡の連発が起こりましたけど。潔さです。僕もかつては奪い取ろうとか、しがみつこうとかしていた時期がありました。「ま、いっか」とお任せしたら、ドン！といただいたんです。
　世の中で本当に表に出ていただかないといけない人たちがいても、そうではない人たちがあまりにも表に出過ぎていて、出るべき人たちの邪魔をしています。

名著『マインドコントロール』誕生秘話

池田　月刊誌『ザ・フナイ』（フナイメディア）の元編集長が高岡良子さんという素晴らしい女性でした。元々、僕が船井先生とやりとりをしていた手紙を高岡良子さんが編集して下さって、投稿記事として掲載されました。

その過程で船井先生から本の出版のお誘いをいただき、『マインドコントロール』としてビジネス社から発売されることになったわけです。現職の自衛官でしたが、いま出さないと間に合わないなと思って決断したんですね。高岡良子さんが僕の投稿記事を取り上げて下さらなかったら、この本は生まれなかったですね。残念ながら彼女はその後に退職されてしまいましたが。

――彼女が『アナスタシア』を絶賛して下さって、推薦の言葉を頂戴したことがありました。電話から彼女の素晴らしい波動が響いてきた思い出があります。それでは最後に、お二人に3分間、正座して瞑想して日本の未来について念じていただき、お写真を撮らせていただきたいのです。3分したらお知らせします。

サムライ魂を熱く燃やしながら、人々を啓蒙し続ける両氏。その根底に共通して流れているものとは？それは揺るぐことなき‘信念’だ。

（瞑想）

――はい、終了です。

池田　普段から瞑想はしていますけれど、今日の瞑想はまた、格別ですね。

宗庵　この場所の波動がいいですからね。

――ところで、お二人はそれぞれどんな想いを念じられたのでしょうか？

池田　僕は、縄文スピリットを蘇らせて、もう一度、日本人が世界の精神的リーダーになるようにと祈りました。

宗庵　僕は、「絶対に降参しない」という想いで

すね。ここまで素晴らしい歴史を残して下さった先人のためにも、ただ、やり続けて行くだけです。1000年先の日本の未来があるんですから。

池田　お互いに草の根で活動しながら、この地球に日本人の魂を継承して行きましょう！

大和ごころ、復活！

エピローグ

池田　整治

天（神・宇宙）は、なんという絶妙のタイミングで、宗庵さんと私を引き合わせてくれたのでしょうか……。

そもそも人も、民族、文明も、さまざまな体験をしながら成長するためにこの世に生まれて来ています。一人の人間として、究極の成長とは悟りの境地に達することであり、それはまた、天・宇宙の根源とつながることだと言えます。この為に、生涯を賭けて厳しい修行を積む人もいます。

その一方で、魂・霊性レベルの先導者の役割を与えられてこの世に生まれる人もいます。いや、この世での修行を卒業し、なおかつ世のため人のために、この苦しい3次元の地球に残ってくれているのだと思います。

その一人に、同じ15歳から自衛隊の釜の飯を食った4つ後輩の光明君がいました。船井幸雄会長をして、「池田君には光明君という幕僚がいてうらやましい。最高の霊能者」と賞賛されたほどでした。その光明君に船井会長を霊透視してもらった結果、ピラミッド構造の頂点から仕掛けられた日本を覆っている闇を払う役割をもった魂であることがわかりました。そこで、7次元からの使者である五井野正博士との、いわゆる「新薩長同盟」でこの闇を払おうと活動を始めました。拙著『マインドコントロール2』を出版し、3・11フクシマが生起した時期です。

しかしながら、船井会長が亡くなり、その4ヶ月後に光明君も後を追うようにあの世にかえって行きました。私には、もう「上から」の意識改革ではこの世はよくならない、との天からの啓示に思えました。つまり、ドイツのように「下から」の「一人一人の意識の向上」しか、社会も国も文明もよくならないのです。

対談で明らかなように、日本を覆う闇はますます強烈に暗くなっています。そのため、アメリカの後追いをするかのように、1パーセントの富めるモノと99パーセントの貧しき大衆へと極端な二極化現象が進んでいます。表に出ない世界の真の支配者の代官である日本の為政者たちが、上位1パーセントのモノたちの利益となる施策しかしないからです。このままでは、やがて日本民族は滅びかねないでしょう。そういう事態さえ、メディア洗脳により、意識させられない社会構造に陥ってしまっているのです。

それを象徴するのが、日本における、真実であってもメディア等で公に言ってはならないたくさんのタブーです。たとえば、再度ここで強調すれば、交流電流を使うことによる超低周波による電磁波問題や放射能のα線・β線による内部被爆問題等です。これらが明らかになれば、リニアモーターカーや原発など、とんでもないモノとして国民からそっぽを向かれるでしょう。それ故、対談で明らかになったように、リニアモーターカー、原発、電子レンジ、医薬品等で利益を生むものたちが、これらの不都合な真実を隠し、圧倒的な資金力等でメディアを自由に使い、国民を洗脳していることは、ちょっと考えればわかることです。現代のエゴ的金融資本主義体制下では、メディアも利潤追求が活動の基本となります。さらに、日本を戦後一貫して支配する世界金融支配体制の日本人弱体化、いえ「抹殺化」の「基本方針」があります。

いずれにせよ、世界の非常識と言われる日本の一つ一つの常識、タブーの真相があきらかになれば、つまり「隠された意図と構図」が明白になれば、いま、まさに集団催眠的に自殺しつつある日本人でも、いくらなんでも「目醒めて」くれるのではないか、と一縷の望みを持っています。それ故、日々こうして「真実の語り部」として活動してきたのです。

しかしながら、現実は厳しいものがあります。果たして、「破滅の道」から「永久の道」にどれだけの日本人が歩みを変えることができるのか……。ひょっとしてもう間に合わないのではないか。さらに言えば、人間の領域を既に超えて、ガイア自体がもう「リバース」（元に戻す）のために、動き出したのではないか……。まさにこの極限の現状を打破するには、目醒めて真実を語る人々が手をつなぎ、真実が聞ける、あるいは情報発信できる勉強会等の場を数多く作る必要がある……。

そういう時に、天の計らいで、死線を超えた体験から天とつながっている宗庵さんと知遇を得たのです。三男の悠人が田舎で自然農を行いはじめたのも、この宗庵さんとつながる多生のご縁の一環だったのです。

宗庵さんは、真実の語り部であるとともに、個人的な問題のヒーラーだけでなく、真実の語り部をつないで強力なネットワークにして、まさしくこの日本、そして文明を永久の道に導くお役目がある、と私は思っています。まさに、究極の「神一厘」の仕掛けが宗庵さんの存在とその活動ではないでしょうか。

古今東西、民族・文明が滅びてきた原因に、次の三つが上げられています。

1　理想を失った民族
2　歴史を失った民族
3　すべての価値をお金で判断する民族

まさに、ピラミッド構造のトップたちによるメディア情報操作等による国民総白痴化で、滅びの道をまっしぐらに突き進んでいるヤマト民族。その本来の「地球文明の魁（さきがけ）」としての、人類を「宇宙の真理に導く役割」を思い出し、永久の道に転換して行きましょう。

対談を終えて

この本を発売する2016年は、第二次世界大戦から終戦後71年目にあたり、東日本大震災からは6年目です。そして現在、本書の中で池田氏がいみじくも述べられたように、日本は「滅びの道」をひたすらまっしぐらに進んでいます。世界最大のイグアスの滝は、イグアス川の下流にあり、最大落差が80メートル以上もあります。現在の日本は、上流のイグアス川を航行している小船のようなもので、知らぬ間にどんどんと滝に近づきながら、氣がついた時には手遅れで、進路を変えることもできずに滝底に落下して行こうとしています。ちなみに、イグアスの滝の中で最大の瀑布の名称が「悪魔の喉笛」。日本は、このまま「悪魔の喉笛」に堕ちて行く運命なのでしょうか？

一方で、この国難のひどい現状を憂う有意の人々も存在し、国内外で多くの識者たちが昔から警笛を鳴らし続けています。アナスタシアもその中の代表的な人物の1人で、書籍を通じて彼女が世界に与え続けている影響は計り知れず、いまも世界中の人たちが目醒めることで、「真の人間としての生き方」に開眼しています。もしもアナスタシアが日本人をつぶさに研究して、日本人の目醒めを促すために適した人物を選ぶとしたら、彼女はどのような人選をするのでしょうか？ アナスタシアが最も期待する日本人とは果たして、誰なのか？ その人物こそが、池田整治氏であり宗庵氏ではないでしょうか。今後、一人でも多くの日本人が世の中の真実をしっかりと認識し、彼らが先頭になって世界中を啓蒙して行くことをアナスタシアも望んでいることでしょう。この書籍を通じて、一人でも多くの方々が「大和ごころ」に目醒め、ふたたび「日本人」として輝いていただけることを、心の底から祈念しています。

長川 亮一

リンク集

池田整治	公式ホームページ	ikedaseiji.info
	東藝術倶楽部	azuma-geijutsu.com
	美し国	umashikuni.co.jp
	FUNAI MEDEIA	funaimedia.com
	複合発酵あ・うんの会	www.aun-unit.com
宗庵	食の仕事人源龍	gennryu.com
	源龍会	gennryu.com/profile1008.html
グレゴリー・サリバン	JCETI	www.jceti.org
尾身幸次	天風会	www.tempukai.or.jp
船井幸雄	にんげんクラブ	ningenclub.jp
小川雅弘	アースキーパークリスタル協会	earthkeepercrystal.com
荒井義雄	荒井義雄.net	arai-y.net
五井野正	五井野正オフィシャルサイト	www.goino-tadashi.com
	インターネット古書店 アルプス正本堂	alps-book.com
ホメオパシー	日本ホメオパシー医学協会	jphma.org
安藤妍雪	書の霊智塾	kamiyo.org
飯山一郎	飯山一郎のLittle HP てげてげ	grnba.jp
増川いづみ	Cosmictune	lifetune.jp
江本勝	オフィス・マサル・エモト	masaru-emoto.net
大山倍達	国際空手道連盟極真会館	www.kyokushinkaikan.org/ja/
エドガー・ケイシー	日本エドガー・ケイシーセンター	edgarcayce.jp

◆著　者……………………………………………………

池田 整治　Seiji Ikeda

1955年3月22日、愛媛県愛南町生まれ。作家。全日本実業団空手道連盟理事長。東藝術倶楽部顧問。空手8段。1973年、陸上自衛隊少年工科学校前期課程修了。防衛大学校入学。2008年、陸上自衛隊小平学校人事教育部長。2010年退官。最終階級は陸将補。オウム真理教が山梨県上九一色村に作ったサティアンへの強制捜査に自衛官として唯一人同行支援した体験などから、「真実とは何か?」を独自に研究。自衛官在任中時代に『マインドコントロール』(ビジネス社)を出版、ロングセラーとなる。北海道での単身赴任時代、万が一の場合、4人の子どもたちへ父の想いを残し伝えるためメルマガ『心のビタミン』を開始。退官後、〝真実の語り部〟として情報発信を始める。現在もブログ、書籍、講演会などを通じて精力的に活動を続けている。著書に『心の旅路』(新日本文芸協会)、『転生会議』『マインドコントロール2』『離間工作の罠』(以上、ビジネス社)、『今、知らなければいけない 重大な真実を語るメジャーな人々』『この国根幹の重大な真実』(以上、ヒカルランド)など共著も含めて20点以上。

公式ホームページ　http://ikedaseiji.info/

宗庵　Souan

1960年1月28日、愛媛県八幡浜市生まれ。ヒーラー。和食割烹〝食の仕事人 源龍〟オーナー。源龍会代表。天風会神戸賛助会・愛媛の集い代表。2011年、原因不明の難病、頸椎後縦靱帯骨化症で余命数ヶ月を宣告されたが、ヒーラーのK氏の治療会で奇跡的に完治。高知県室戸岬町にある弘法大師伝説の残る御厨人窟を訪問中に、「青い光の玉」が身体に入る体験後、話したり手かざしをするだけで人体の症状や難病、奇病、人間関係、金銭問題などが改善したり完治する現象が起こる。2015年のナチュラルスピリット社主催のワークショップにヒントを得て、高岡賢次氏と共に「ザ・ソーケンズ(宗賢)」を結成し、啓蒙活動を開始。全国各地を講演会やイベントなどで訪問しながら人々の目醒めを促している。対談集『だいじょうぶ!』(中野宗次郎、グレゴリー・サリバン共著)、インタヴュー記事『Star People』(47号、53号)掲載(以上、ナチュラルスピリット)

食の仕事人 源龍 http://gennryu.com/

1000年先の地球のために
「滅びの道」から「永久の道」へ

●

2016年8月8日　初版発行

著作 / 池田整治 + 宗庵
構成・撮影 / 長川亮一

発行者 / 今井宏紀
発行所 / 株式会社ナチュラルスピリット
〒107-0062　東京都港区南青山5-1-10　南青山第一マンションズ602
TEL 03-6450-5938　FAX 03-6450-5978
E-mail info@naturalspirit.co.jp
ホームページ http://www.naturalspirit.co.jp/

印刷所 / 株式会社暁印刷

ISBN 978-4-86451-213-8 C0011